手話通訳者になろう

木村晴美・岡 典栄 著
Harumi Kimura Norie Oka

白水社

装丁・本文デザイン　古屋真樹（志岐デザイン）
装画　北村範史
手話翻訳協力　小林雅和
取材協力　明晴学園、国立障害者リハビリテーションセンター学院手話通訳学科

はじめに

みなさんは手話通訳者を見たことがありますか。

二〇一一年三月十一日におきた東日本大震災の二日後から、総理大臣官邸の記者会見に手話通訳がつくようになったので、テレビのニュース画面で見かけた人もいるかもしれません。新しい元号「令和」の発表の記者会見にも、手話通訳者がいました。また、気象庁の緊急記者会見にも手話通訳をつける試行が始まりました。

手話通訳はだれのためのものでしょうか。手話通訳は、声で話される日本語（音声日本語）が聞き取れない人たちに、話されていることが理解できるように、手話という視覚言語に代えて伝えるものなので、耳が聞こえない人たちのためだということができるでしょう。

しかし、通訳というのは一方通行だけのものではありません。手話から日本語への通訳も必要です。それは英語と日本語の間の通訳であれば、日英通訳だけでなく、英日通訳が必要な場面があることからもすぐに気がつくと思います。むしろみなさんがおなじみなのは、外国人が言うことを日本語にしてくれる英日通訳ではないでしょうか。手話から日本語にしてくれる手話通訳者がほしい、と思ったことがなかったのはどうしてでしょうか？　そういうことも考えながら、この本では日本語と日本手話の間の通訳というしごとがどういうものなのか、一緒に見ていきたいと思います。

日本手話と書きましたが、手話は世界共通ではありません。日本では日本手話が、アメリカではアメリカ手話が話されています。なので、日本手話とアメリカ手話の間の通訳が必要になる場合ももちろんあります。通訳というしごとにおいては、通常どちらか一方の言語が母語であることが望ましいので、手話言語同士の通訳であれば、どちらかの手話が母語である人、つまりろう者が通訳をすることが望ましいといえます。耳が聞こえなくても、通訳のしごとをする人たちがいるのです。そういう人たちがどのような場面で活躍しているのかは、第三章の「ろう通訳」のところを見てください。

手話通訳というのは聴覚障害という障害を持った人たちを支援する、福祉の目的だけのものではありません。日本語と日本手話という二つの言語の間を取り持つ、ほかのどんな通訳とも共通した役割を持った、通訳という大きな職種の中のひとつです。ですから通訳のしごとに関係することがまずあって、その上でさらに手話言語と音声言語、あるいは手話言語同士の通訳といった個別の事情を考えるべきです。ですから、耳の聞こえないかわいそうな人たちを助けたい、という気持ちではなく、二つの言語の間を行き来してコミュニケーションを成立させる言語のエキスパートになるのだという意気込みが必要だと思います。

第1章は、手話にはじめて触れる人に向けて、手話がどんな特徴をもつことばなのかを簡単に説明しました。手話の学び方、通訳者にどうやったらなれるのかは第2章を読んでください。第3章では、さまざまな分野の第一線で活躍する現役の手話通訳者の方々にインタビューをして、手話通訳のしごとの魅力について語ってもらいました（お話しいただいたエピソードは通訳の守秘義務に則って、記事を作成、編集しています）。

手話通訳というしごとを、あなたのこれからの職業の選択肢の中にぜひ加えてください。これから手話通訳に関わる人たちが増えることを願っています。

第1章　手話の世界へようこそ……9
手話はだれが使うことばなのか
日本手話と日本語対応手話
手話の文字
ろう文化＝日本手話話者がつくる文化
日本手話の「音」
「手話＝手の動きがすべて」か
手話の語順
手話に特徴的な表現　ＣＬ
第2章　手話通訳者の役割……27
手話通訳とは
学び方と資格

手話通訳者の働き方
いつ手話通訳者が必要とされるのか

第3章

インタビュー 手話通訳の魅力……41
コミュニティ通訳／江原こう平さん……42
教育通訳／荒井美香さん……54
医療通訳／江木洋子さん・矢野智子さん……66
司法通訳／齋藤真佐美さん……78
［コラム］芸術文化にアプローチする仕事―舞台手話通訳……89
スポーツ通訳／長松郁弥さん……90
［コラム］デフリンピックとは……100
［対談］放送通訳／小野広祐さん×野口岳史さん……102
ろう通訳／川上恵さん……114
電話リレーサービス通訳／根間隆行さん……126

災害と通訳／宮澤典子さん……138
手話通訳者のキャリアデザイン／中嶋直子さん……150
国際会議通訳／高木真知子さん……162
［コラム］世界の手話通訳事情……172
これから手話を学びたい人のために……174
おわりに……175

第1章

手話の世界へようこそ

手話はだれが使うことばなのか

手話は耳が聞こえない人（ろう者）が集団を作ってお互いに意思を通じさせようとした時に自然に生まれた言語である。だからろう者の集団ができた時と手話が生まれた時はほぼ重なる。はじめてできたろう者の集団はろう学校である。日本初のろう学校ができたのは一八七八年、京都である。その次が一八八〇年東京で、日本の学制が敷かれた一八七二年からそう遅れをとっていない。しかし、それ以前のろう者がどのように暮らしていたかの情報は多くない。

ろうの集団から手話が発生したわけであるから、手話は世界共通ではない。日本には日本手話があり、アメリカにはアメリカ手話がある。残念だが、手話を一つ覚えたら世界中どこに行ってもそれが通じるわけではないのだ。日本手話にも地域差はもちろんあるし、そのろう学校だけで使われていた手話（特に教科の名前）もある。大きく分けて関東方言と関西方言がある。典型的なのは関東では「名前」という手話は書類に拇印を押す形で、関西では胸につけた名札の形だ。また、敬語表現もあるし、手話の男女差もある。

聞こえる人たち（聴者）が周りで話されている音声言語を自然に身につけるように、生まれた時から手話が使われている環境の中で育ち、自然に手話を身につけた手話の母語話者たちはネイティブ・サイナーと呼ばれる。聴覚障害児の出生率はおおよそ千人に一人と言われ、両親がろう者の家庭でろうの子どもが育つ確率は高くはない。ろうの子どもの九〇％以上が聞こえる親である。したがって、はじめて出会った耳が聞こえない人が我が子であり、手話を知らない場合には、親子が共通の言語を持たずに、親の言語が自然に子どもに継承されないという状況が起きる。したがって、十分に母語としての手話を発達させられないことにもなる。

逆のケース、つまり両親が聞こえなくても生まれた子どもが聞こえる場合はある。ろう者の親の下で育った子どもたちをコーダ（CODA：Children of Deaf Adultsの頭文字をとったもの）と呼ぶ。彼らの中には手話を母語として持つものもいれば、他の兄弟姉妹が手話を使えると、そのきょうだいに頼って親との会話を通訳してもらって自分はほとんど手話がわからない者もいる。ただし両親がろう者では聞こえる子どもは育てられないだろうと、祖父母や親戚の家に預けられる場合もあった。ひどい場合には旧優生保護法で、子どもが生まれないように知らないうちに手術をされていたという例もある。ろう者の親だけで子どもを育てていた場合には、子どもが聞こえることに気づかなかったというケースもある。地方で、年代が上の人の場合、幼稚園に行くこともあまり一般的でなく、学校に入る時になってはじめて聞こえることがわかってあわてた、という例もある。

そしてもう一つ手話を使うグループがいる。手話通訳者たちである。コーダが手話通訳者になる場合もあるが、日本ではその比率はあまり高くない。聞こえる手話通訳者たちは、大人になってから第三言語（通常、第二言語は英語）として手話を学んだ人がほとんどである。しかも、他の外国語に比べて、大学や専門学校で学べる場所は限られている。通訳者の養成は専門機関ではなく、主として地域の手話講習会で行われる。それが、専門性のある優秀な手話通訳者がなかなか増えない理由である。

耳が聞こえない人すべてが日本手話を使うわけではない。聴覚障害者として、障害者手帳を持つ人の数は二〇一九年現在約三十四万人だが、手話を日常生活で使っている人はそのうちの一八・九％の六・四万人である。生まれた時から耳が聞こえず、ろう学校に通って手話で生活してきた人もいるが、途中で失聴した人も含まれる。

最近は聴覚障害を持って生まれても、一歳半くらいまでに人工内耳という人工臓器を内耳の蝸牛の中に埋め込んで、音を電気的な信号に変えて脳に送ることができるようになった。術後の訓練によって機械的に合成された音を言語音として聞き取れるようにする必要があり、そのためには手話は不要であり、むしろ邪魔になると考えられてきた。そのため、手話を使う人の人口は減少しているが、これには対策を講じる必要がある。人工内耳をしても、言語の発達に手話は有効だからである。

日本手話と日本語対応手話

自然に生まれた日本手話に対して、日本語を手で表した日本語対応手話（手指日本語）がある。日本語対応手話は日本語の語順で手話単語を表出するもので、ほとんどの場合、音声日本語とともに使われる。ろう学校で日本語学習のための補助手段として開発されたものが広まったと言われ、日本語を既に習得した後に失聴した場合には、日本語を口の動きだけで読み取るよりは手話単語がついていた方がわかりやすい（たまご、たばこ、なまこを口の形から判断することは不可能）。しかし、日本手話とは語順などしくみがちがうので、対応手話を音声なしで見た場合、手話としては読み取れないことが多い。聴者の日本人が幼い時に音声なしでアラビア語を学習するとしよう。頼りになるのは口の形だけである。そのような状態で母語同様に獲得するのがいかに難しいか想像できるだろう。ろう児に置き換えれば、日本語を知らないのに、口の形だけで日本語を習得するのである。それがあまりに困難であるために、発音を手で表す工夫をしたり、単語にあわせて手話を当てたりする方法が用いられてきた。聴者たちには日本語を話しながら手話単語を並べる対応手話を学ぶ機会しかほとんどなかった。そのため、手話といえば対応手話で、ろう者が使う日本手話は語順もめちゃくちゃで日本語にない単語も出てくる劣った言語だと見なされてきた。しかし、現在では手話の言語学的な研究が進み、日本手話は日本語とは異なる言語なのだという認識が広まってきた。手話通訳者の中にも日本手話を用いる人が少しずつ増えてきている。

手話の文字

日本手話は文字を持たない言語である。世界中の手話言語で文字を持つ言語はない。研究のために開発された発音記号のような表記はあるが、日常生活で使われるような手話を書き表す文字を持つ手話言語はない。そもそも世界中で七千くらいあると言われる言語のうち、大半の言語は文字を持たないので、特別なことではない。

文字がないということは、書かれた過去の記録を持たないということである。歴史はすべて口承で伝えられる。手話の場合にも、手話で伝えられた伝説や民話のようなものはあるのかもしれないが、どの手話言語も成立のきっかけがろう学校の誕生だとすれば、それほど長い歴史を持つわけではない。ニカラグア手話のように、一九七〇―八〇年代にできた言語もある。以前は手話を動画で記録し、保存することは難しかったが、現在は簡単にできるようになった。残っている手話の動画の中で、有名なのは一九一三年の全米ろう協会会長だったジョージ・ヴェディッツの「手話の保存」というスピーチである。（The Preservation of Sign Language by George W. Veditzというタイトルでインターネットで公開されている）

文字がないと、道路標識や駅名の表示が難しい。なにより決定的に困るのは手話による本、教科書がない、ということである。したがって学校に入る段階で教科書に使われている言語を読めなくてはならない。これは文字がない多くのアフリカの言語でも同じで、英語やフランス語などで書かれた教科書を使う。人は一生に一度だけ「文字を読むこと」を学ぶという。それが識字ということだ。日本語で文字を読むことを知っていれば、英語で文字を読むことを学ぶ際には、「文字を読むこと」を学ぶ必要はなく、「英語の」文字を読むことを学習すればよい。日本のろう児は、生まれてはじめて読み書きを習う時に、母語ではなく、外国語に等しい日本語で読み書きを学ばなくてはならないのだ。つまり、二倍の負荷がかかる。日本語という未知の言語を学びつつ、字を読み、書くということ自体を学ぶというのは容易なことではない。

日本手話で日本語の音を表す方法として、指文字を使う。五十音表を手や指で表す方法である。人名、地名など手話がない、あるいは手話がわからない単語を日本語の音で表すことができる。たとえば、トランプ大統領など、外国人の名前を指文字を使って表すことができる（著名人の場合、後に手話ができる場合が多い）。また、新しい単語（スマートフォンやフリック入力など）あるいは東日本大震災の時の原子炉建屋のような、専門的な単語も指文字で表すことは可能である。ただ、指文字は手話ではないことは覚えておこう。指文字ができるようになったとしても、それは手話ができるようになったということではない。

ろう文化＝日本手話話者がつくる文化

言語と文化は密接に関係していると言われる。一つの言語が消滅すれば、一つの文化が消滅することだと考えられる。だからこそ、文化多様性の観点からは、言語を消滅させてはならず、危機言語は保存されるべきだと言われるのだ。日本語に特有な文化を反映した例として、出世魚がある。同じ魚でも大きさに応じて名前が変わる（関東のワカシ→イナダ→ワラサ→ブリなど）。また、雨の種類にも、春雨、五月雨、夕立、冷雨、氷雨、小ぬか雨などなど、季節や降り方に応じてさまざまな名前がある。家族関係では、兄弟姉妹というように年齢による上下関係を区別する。それに対し英語でbrotherと書かれているものを、日本語に訳そうとすると兄と訳すべきか弟と訳すべきか決めることができない。また、英語では単数と複数を区別するし、日本手話でも区別をするが、日本語ではその区別には敏感ではない。「机の上に本がある」という文を英語に訳せと言われれば、何冊かわからないからとりあえず一冊にしておこう、のように決めなくてはならない。それと同様に、日本手話では本は何冊なのか、それ（ら）は立っているのか、平積みになっているのかまで、本来なら決めてほしいところだ。そのように言語が持っている体系が、物の見方（何を必要だと感じるか）に影響を与えるということはあるだろう。

ここではふだんの会話をする時に知っておくといいろう文化を紹介しよう。ろう者は話す前に手を振ったり、肩を軽くたたいたりして、相手の注意を引き、相手が自分の方を見ていることを確認した上で話し出す。これはどちらかといえば、文化というより生活習慣に近い。手話は目で見る言語なので、相手がこちらを見ていなければ、何を言っても無駄だからだ。目が合って話を始めたら、ろう者の話し方のスタイルとしてはまず、結論から言うことが多い。そのため、聴者の話はいつまでたっても何が言いたいのかわからないと思っている。また、「どうして?」と質問することが多いが、それは非難や不満を表しているというよりは、単純に知りたいだけということが多い。また、「○○はできますか?」という質問はこれも純粋に可能かどうかを聞いているのであって、依頼ではないことが多いので、ノーと言っても相手を拒絶したことにはならない。そして、基本的に数字を入れて具体的に説明することが求められ、「ちょっと待って」ではなく、「五分待って」と言う方が伝わる。ろう者が運転している車が猛スピードで走っていたら、「もう少しスピード落として!」に加えて「五〇キロで走って!」と言った方がよいだろう。また、ろう者はどうやら見えたことは言わないではいられないらしく、「太ったね」「その髪型、変」などと、遠慮なくコメントする傾向がある。その点では、歯にほうれん草が挟まっている時などには、すぐに教えてもらえて便利である。こうしたろう文化の知識があれば、いちいち失礼な人たちだと思ったりせずに意思疎通ができるわけである。

日本手話の「音」

手話に「音」があるというと不思議な感じがするかもしれない。手話は基本的に手で話すものであって、声で話すものではないのだから。ここでいう「音」とは音声のことではない。単語をつくる最小の要素のことである。日本語の単語は母音と子音の組み合わせによってできている。もちろん、ア（唖）、イ（胃）、ウ（鵜）、エ（絵）、オ（尾）のように母音一つからなる単語もあるし、アイ（愛）、イウ（言う）、ウエ（上）のように母音だけからできている単語もあるが、多くの場合、アカ（赤）―サカ（坂）―カサ（傘）―カタ（肩）のように、ちょっと音を変えただけでまったく別の単語になる。aka（アカ）とsaka（サカ）では語のはじめにsの音が加わっただけだし、kasa（カサ）とkata（カタ）ではsかtの違いだけとわかるだろう。だから、日本語にとってはsとtは別の音で、重要な意味の違いをもたらすことがわかる。

日本語の場合は、母音と子音の組み合わせだが、日本手話の場合は、通常三つの要素の組み合わせが単語を作り、それらは手話の「音韻」と呼ばれている。三つの要素とは、手の形（手型）、表される場所（位置）、手の動き（動き）で、それに手のひらの向きを加えて四つの要素と考える場合もある。

kasaとkataのように、一つの音韻が違うとまったく意味が変わってしまう単語の対のことをミニマル・ペアと言う。手話の例をいくつか見てみよう。

1は手型が親指か小指かで〈男〉と〈女〉が区別される例で、位置と動きは共通している。2はお金を表す手型が体の前に出ていく時は〈買う〉、体の方に近づいてくる場合は〈売る〉になるという動きが違う例、3は同じ人差し指を一本立てた手型が目の位置から前に出ると〈見る〉、口から前に出ると〈言う〉になるという位置の違いによる例を表している。

また、日本語には子音の連続はなく、必ず間に母音が入る。英語のstraight（ストレート：まっすぐ）と言おうとすると、sutoreetoとなってしまう。英語のstrは子音だけなのに、日本人が発音するとstrの間にu,oという母音が挟まってしまうのだ。また、語の最後はtで終わっているが、日本語は子音で終われないので、やはり母音が挿入されてトtoになる。要素は母音と子音があるが、その組み合わせは完全に自由ではない。

似たようなルールは手話にもあって、両手があるのだから、運動としては左右バラバラの形

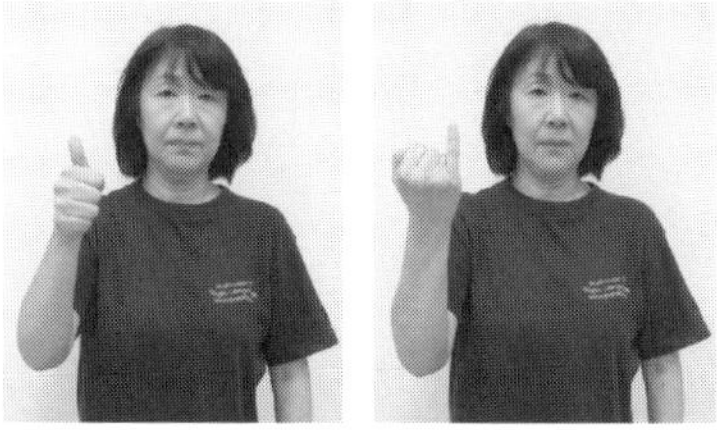

〈男〉　〈女〉

1手型のちがい〈男〉と〈女〉

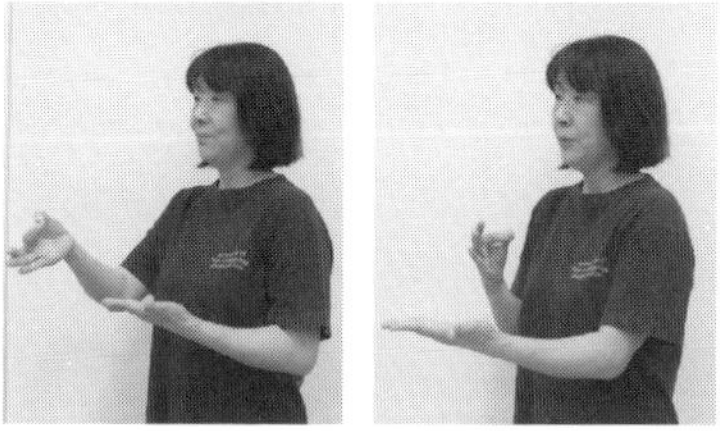

〈買う〉　〈売る〉

2動きのちがい〈買う〉と〈売る〉

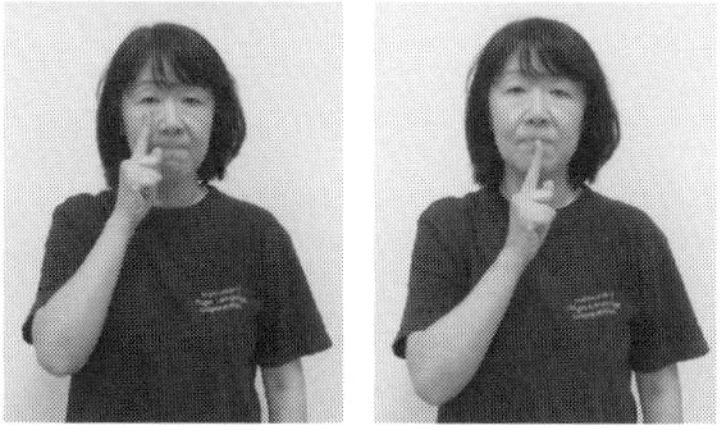

〈見る〉　〈言う〉

3位置のちがい〈見る〉と〈言う〉

や動きができるのだが、実際は利き手でない方の手が取れる形は一番基本的な簡単な手型（グーとパー）だったり、両手が動く時にはまったく同じ動きをするか、左右対称的な動きをするといったルールがあり、それに合わない動きは単語として成立しない。

「手話＝手の動きがすべて」か

手で話すと書く手話だが、実際に一番大事なのが手の形と動きかというと、そうではない。顔の動きの方がずっと大事なのだ。顔のパーツである目、眉、口、舌、頬、あごなどが重要な文法の役割を持っている。見ることによってはじめてコミュニケーションが成立する手話では、目の役割はとりわけ重要で、目を見開いて眉があがっている顔、そして、あごが体の方に引きつけられている顔は疑問の顔である。この顔は、相手にイエスかノーかの返答を求めている。聞かれているのだから、答えなければコミュニケーションは成立しない。まず、これが疑問文であるということが理解できなくてはならない。その次に、それに対する答えが正しく手話で表せなくてはならない。顔の動きは文法を担っている。表情というと悲しい時には悲しい顔、うれしい時にはうれしい顔、といった感情の表現と思われがちだ。しかし、手話の顔の動きが担っているのは文法なので、個

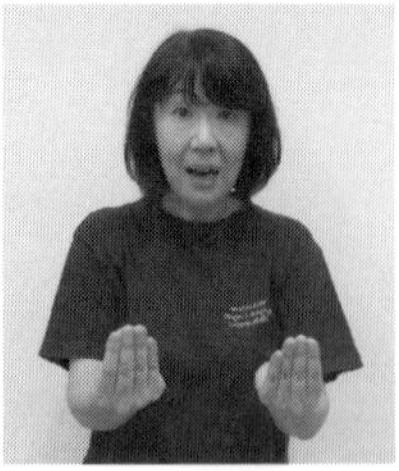
イエス／ノー疑問文の顔。眉をあげ、目を開き、あごを引く

人差はない。イエス／ノー疑問文の顔はだれが表しても同じイエス／ノー疑問文の顔である。また、イエスかノーかの答えではなく、いつ、どこで、だれが、というようなあらたな情報を求めるWh疑問文には別の顔の動きがある。基本的には、眉あげ、目開き、細かい首ふりである。

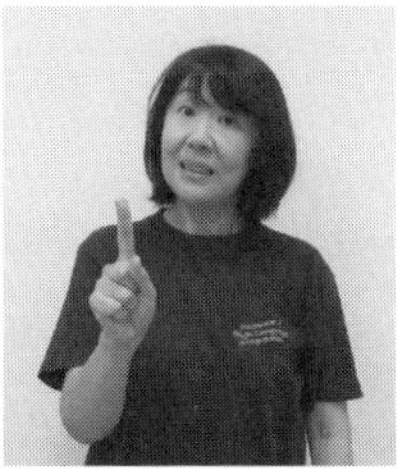

Wh疑問の顔。眉をあげ、目を開き、細かく首をふる

どの言語も、単語を覚えるだけでは相手が言っていることがわかったり、自分で話したりができるようになるわけではない。文法がわからなければ、単語を正しく並べることもできないし、聞いても何を言っているのかわからない。もちろん、たとえば多くの人が学校で勉強する英語でも、実際に話されている英語を聞く場合には、省略されていたり、速かったり、自分がイメージしている英語の文とはずいぶん違って聞こえるだろう。手話も同じで、一生懸命手の動きを追っていても手話文が読み取れるわけではない。手が動いている胸の前あたりに集中するのではなく、ぐっと引いて視野を広げて、目や、眉、頭の動きを見る必要がある。

日本語の話しことばでも同じだが、「冷蔵庫」を「れいぞうこ」と発音している人はまずなく、「レーゾーコ」だろうし、「洗濯機」は「センタッキ」と言っているだろう。そのような音韻変化は手話でも自然に起きる。人間は発音がしやすい方、楽な方へと発音を変えていく。だから、辞書に書いてあるとおりの手話単語の形をいくら覚えても、あまり手話はわかるようにならないし、話せるようにもならない。むしろ、実際の会話の場面や動画を見た方がよいだろう。

手話の語順

日本手話の基本の語順は主語、目的語、動詞で、日本語と同じである。だから、「私は本を読む」と言いたい場合には、〈私〉〈本〉〈読む〉の順番で表せばよい。手話文では文末に指差しがつくことがよくあるが、それは主語を示すはたらきで、基本的に最後の動詞とひとまとめに発音される。「私は本を読む」であれば、私（一人称）に向っての指差し（pt1と表す）が最後について〈私〉〈本〉〈読む〉pt1となる。「あなたは本を読む」であれば、〈あなた〉〈本〉〈読む〉pt2（二人称の指差し）となる。「彼は本を読む」であれば、〈彼〉〈本〉〈読む〉pt3（三人称の指差し）となる。日本手話は単数と複数を区別するので、あなた方、彼らであれば、指差しは一人を指すのではなく、弧を描くように広い範囲を指す。

日本手話の語順で日本語と決定的に違うのは、Wh疑問詞の位置である。日本語ではWh疑問詞はわからない語が入っている位置にそのまま入れる。「田中さんは図書館で本を読んだ」という文で、だれが読んだのかを知りたい場合には、「だれが図書館で本を読んだのですか」と田中さんの位置に「だれ」を持ってくる。どこで本を読んだか知りたい場合には、「田中さんはどこで本を読んだのですか」となる。何を読んだか知りたい場合には、「田中さんは図書館で

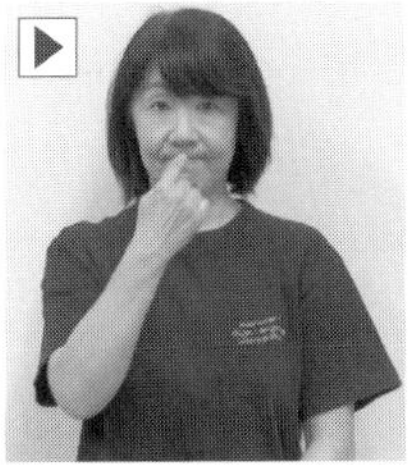
主語を示す指差し

何を読んだのですか」となる。では英語のWh疑問詞はどうか。文頭に来る。「だれ」も「どこ」もすべてのWh疑問文はWh疑問詞から始まる。

日本手話では、すべてのWh疑問詞は文末に来る。つまり、〈図書館〉〈本〉〈読んだ〉〈だれ〉?、〈田中〉〈本〉〈読んだ〉〈どこ〉?、〈田中〉〈図書館〉〈読んだ〉〈何〉?のように手話文ではWh疑問詞はすべて文末において、Wh疑問の顔（眉あげ、目開き、小刻みな首ふり）をつければ、Wh疑問文のできあがりである。

もう一つ日本語にはない語順の文があり、それはWh分裂文と呼ばれる。〈私〉〈読む〉〈何〉〈本〉のような語順で、「私が読むのは本だ」という、私が読むものに焦点があたった言い方になる。ただ、この言い方は「〈私〉〈名前〉〈何〉〈田中〉、〈私〉〈住む〉〈どこ〉〈東京〉」＝「私は田中です。東京に住んでいます。」のような自己紹介の文でも使うので、「私の名前は山田でも、鈴木でも、他でもない、田中だ！」というほどの強調があるわけではない。

形容詞と名詞の語順、副詞と動詞の語順は日本手話ではどうなっているだろう。「赤い花」とか「青いTシャツ」の場合には、〈花〉〈赤い〉、〈Tシャツ〉〈青い〉となることが多い。「あの青いTシャツを買う」であれば、指差し〈あれ〉〈Tシャツ〉〈青い〉pt1〈買う〉pt1となる。日本語では主語は明示されないが、手話文ではこの文を一人称主語の意志を表す文として表すだろう。また、「一生懸命走る」のように「一生懸命」が「走る」を修飾している場合に、手話では唇を横一文字に結ぶ、という顔の動きをして、動詞と同時に表現する。すべてを順番に（継時的に）言わなくてはならない音声言語に対して、手話は同時に（複層的に）たくさんの情報を重ねて表現することができる。「いいかげんに走る」場合の「いいかげんに」も顔の動きとして表現される。「おいしい」「すごくおいしい」「最高においしい」など程度を表す副詞も顔の動きで区別される。これは文法なので、やはり個人差はなく一定のルールに従って表現される。

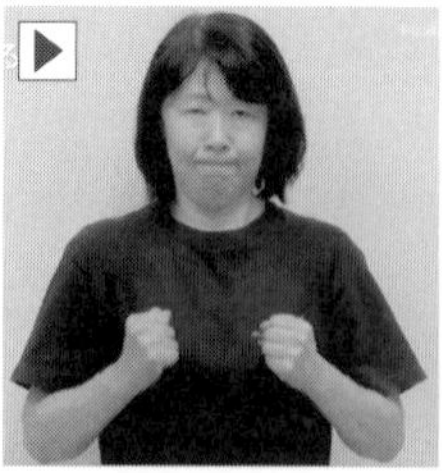
「一生懸命走る」と「いいかげんに走る」の顔のちがい

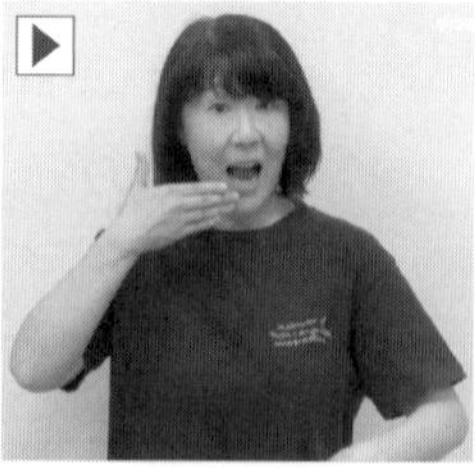
あの青いTシャツを買う

手話に特徴的な表現　CL

世界中の手話言語に見られ、手話に特徴的だと言われる表現形式にCL（Classifier: 類別辞）がある。CL表現とは物の形や様子、動きを手や顔の形や動きで表したもので、多用される。CL表現には大きなルールがある。たとえば、厚い本を表す時には口元が膨らみ、薄い本を表す時には口元がすぼまる。それを逆にして、厚い本を持つ手の形をしながら口元がすぼまっていると、それは間違いになり、通じない。ほかに、遠くのものを表す時には目が細まる。近くのものを表す時には肩がすぼまるという例もある。他方、ルールに縛られない自由な表現もある。酔っ払いがふらふら歩く、などという場合には、どの程度ふらついているかの表し方は一定ではなく、個人個人の表現力にあわせて、何通りにでも表される。同じようにふらついていても、小さな子どもであれば「よちよち」だろうし、高齢者であれば「よろよろ」だろう。ボールが弾む場合でも、バスケットボールのように大きくて重いものであれば、「ボーン」とか「バン」と弾むだろうが、小さい子どもが遊ぶような柔らかいゴムまりであれば、「ポンポン」とか「ぽよんぽよん」と弾むだろう。日本語の擬態語もいろいろある。そのような違いはすべて手話ではＣＬを用いて表される。春の小川は「さらさら」流れるのであって、「ざらざら」は流れないように、自由といってもふさわしい表し方はある。

　物の形を表す場合に、決まったＣＬがある場合もある。たとえば、車を表すＣＬは丸みを帯びた手の形で車の全体像を表し、自転車を表すＣＬは平手で表す。

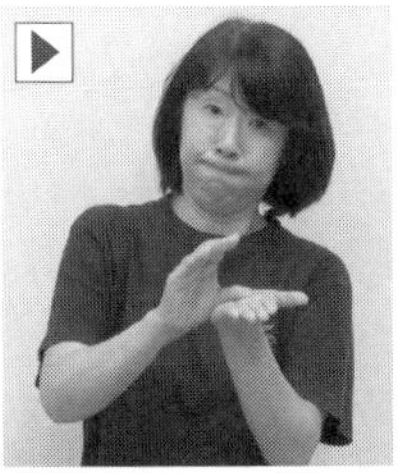
〈厚い本〉と〈薄い本〉

　ＣＬを使えば駐車場や駐輪場もそれぞれの車両がたくさん横に並んでいたり、立体駐車場であれば、車を回転して上のレベルへあげる様子などを手で表すことができる。車が蛇行している場合には、車のＣＬの形のままでふらつきを表す。それは人が二本足でふらついているのとはまったく形が異なる。その際に、車が遅いスピードでふらふらしているのか、カーチェイスなどのように猛スピードで蛇行しながら進んでいるのかも表すことができる。

ＣＬにはとても現実的な利点もある。たとえば、劇場などで、席を探す時、後ろの左から二番目のドアを入って、まっすぐ通路を下がって行って、真ん中のフラットになっているところを過ぎた三番目の列を右に入った五番目の席、などということをＣＬ表現で視覚的に極めて正確に教えてもらえる。これは一般的な道案内でも同じである。

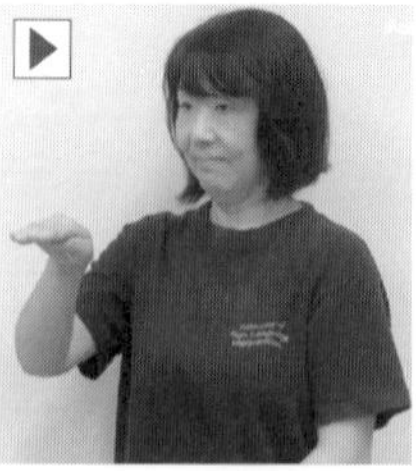

CLによる〈自動車〉〈駐車場〉、〈自転車〉〈駐輪場〉

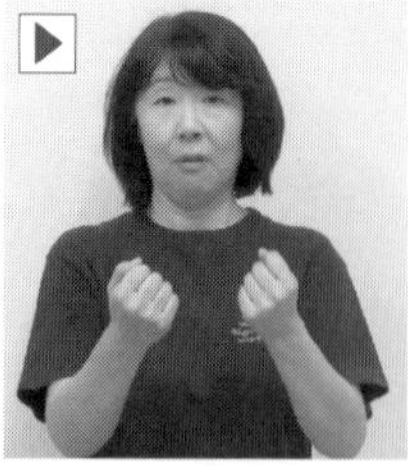

「ゆっくりふらふら進む車」と「猛スピードで蛇行する車」

手話話者の小学生はアニメやゲームのキャラクターなどは名前ではまったく覚えていないが、姿、形を巧みに表現して、まったく困らずにどのキャラクターかわかりあっている。

ＣＬ表現は、まさに手話の芸術的な表現力の差が出るところである。しんしんと降り積もる雪も、ぎらぎらと輝く太陽も、見事に表現することができる。手話ポエムと言われる語りには人々を感動させるようなＣＬ表現があふれているし、子ども用の絵本の読み聞かせもＣＬがあるから楽しい。見たことがない人は、ぜひ、ＮＨＫの「みんなの手話」などで放送されている読み聞かせや、手話ポエムなどを見てください。

第2章

手話通訳者の役割

手話通訳とは

手話通訳とはそもそもどういう仕事だろうか。通訳という仕事である以上、言語が異なる二人、あるいは二つのグループの間を行き来してコミュニケーションを成立させるのがその仕事である。たとえば、ドイツ人とフランス人が話をする場合、どちらか一方が相手の言語を使えれば、通訳は必要ない。もし、どちらも相手の言語を知らなければ、英語という第三の言語を使うという方法もある。それらの方法が使えない場合、どちらの言語も使える通訳者が間に入って両者の間のコミュニケーションを可能にする。

手話通訳の場合、基本的には耳が聞こえない人（聴覚に障害がある人）と聞こえる人で手話がわからない人の間をつなぐ。つまり、どちらか一方のために手話通訳者がいるわけではなく、ともに手話通訳者の力を借りなくては、コミュニケーションが成立しない双方のために手話通訳者はいるのだ。聞こえる人が圧倒的大多数だからといって、手話通訳者は聞こえない人のためにいるわけではない。手話を使う人が講師の講演会で、手話がわからない聴衆は、耳が聞こえようと聞こえなかろうと、通訳者に頼らなくては、話の内容がわからない。どちらかといえば、手話通訳者は手話がわからない聞こえる人たちのためにいるのである。逆に講師が音声言語で話す場合には、それを聞くことができない人たちのために手話通訳が行われる。

ただし、耳が聞こえない人のすべてが手話がわかるわけではない。手話を使わない聴覚障害者はかなりいる。その場合には文字通訳という、音声を文字化するサービスが必要になる。文字通訳者が同じ場所にいてパソコンで入力する場合もあるし、別の場所に音声を送って文字化する場合もある。機械が音声認識して文字化する方法は、現状では人間が修正しないと正しい理解に至らない場合がまだ多いが、音声認識の技術が今後向上すれば完全に自動化できる可能性がある。

学び方と資格

手話通訳者になるには何をどこで学んだらいいのだろうか。もっとも一般的なのは自治体などが開講する手話講習会に通うことである。その自治体・地域で活動する手話奉仕員および手話通訳者を養成するために開講されているものである。手話奉仕員ということばが出てきたが、手話通訳者とはどう違うのだろうか。手話奉仕員は聴覚障害者等との交流活動の促進、市町村の広報活動などの支援者として期待される日常会話程度の手話表現技術を習得した者であり、手話通訳を業務として営む者ではない。もともとは「ろう者のために福祉事務所に手話ができる福祉司が必要である」という考えから始まった、福祉行政の中の制度である。この手話奉仕員養成カリキュラムを終えてから、手話通訳養成カリキュラムに入る。都道府県、指定都市および中核市が実施する手話通訳者養成講座を修了して、登録試験に合格し、登録した者が「手話通訳者」となるのだ。手話奉仕員カリキュラムは入門課程（三十五時間）と基礎課程（四十五時間）からなり、二年から三年を要する。手話通訳者カリキュラムは基本課程、応用課程、実践課程の計九〇時間が必要だが、通常は手話通訳Ⅰ（四十八時間）、手話通訳Ⅱ（四十五時間）、手話通訳Ⅲ（十五時間）の二年から三年のプログラムとして実施されていることが多い。したがって手話通訳者になるには、最短で四〜五年の週一回二時間程度の学習が必要である。

この登録とは別に国家資格に準じる資格がある。一九八九年に開始された手話通訳技能認定試験（いわゆる手話通訳士試験）に合格し、登録した者は「手話通訳士」を名乗ることができる。手話通訳士は医師や弁護士のような業務を独占する資格ではないので、手話通訳士でなくとも、手話通訳業務に携わることは政見放送や一部の公的機関を除き、可能である。

地域の手話講習会のほか、専門学校に通う方法もあるが、現在、手話通訳学科を置くのは国立障害者リハビリテーションセンター学院の手話通訳学科のみである。そもそも日本では他の言語を含めて通訳養成課程をもっている短大、大学がほとんどない。学術的な手話通訳を学べる場所としては、国立民族学博物館の学術手話通訳研修事業などがある。語学科目として全学生が日本手話を学べる大学は、二〇一九年現在、九つ（愛知医科大学、関西学院大学、慶應義塾大学、四国学院大学、東京外国語大学、東京経済大学、東京大学、日本社会事業大学、立教大学）

ある。大学でまず手話をしっかりと身につけた上で、通訳技術を学ぶという方法もよい。しかし、ドイツ語や中国語などを二年間勉強して、さあ、三年目には通訳になろう、と訓練を始めるというのがあまり現実的でないことはすぐに気がつくだろう。新しい言語を勉強し始めて二年で、通訳になれると思う人はいない。ましてや、手話は音声言語とは使うものが違う。手話が使うのは声ではなく、手指、眉、目、あごや頭、肩である。それらを言語を発するために使ったことがないのだから、声を使う以上にずっと難しい。ふつうに考えたら、たとえばドイツ語を習得するよりも、手話を習得する方が難しいと思うだろう。そう思われていないのは、手話単語を覚えてそれを日本語にあてはめていけばよいという誤解があるからに違いない。第1章で見たように、手話は日本語とは異なる文法を持った言語だ。慣れない手や顔の動きで発音しなくてはならない。しかし、慣れないことだからこそ、おもしろいともいえる。

手話通訳者の働き方

手話通訳者としてのもっとも一般的な働き方は、講習を受けた自治体の登録通訳になることである。自治体、あるいは社会福祉協議会、または自治体の登録通訳者会経由で通訳依頼を受けることになる。自治体によっては手話通訳の派遣をＮＰＯなどに委託しているところはある。いずれにしても、最近は派遣団体からの依頼をメールやＳＮＳで受けて派遣される仕組みになってきた。報酬は自治体で異なるが、概ね一時間一五〇〇円程度である。通常一つの自治体に登録すると、他の自治体に登録することはできない。ただし、たとえば、東京都では、試験に合格すれば区と都の両方の登録通訳者になることは可能である。また、区市によっては通訳者を互いに融通し合うために近隣の自治体と二重に登録することを認めているところもあるし、地域に関係なく二重登録を認めているところもある。しかし、一般的には、養成され、登録した一つの自治体のみで通訳することが地域の登録通訳者の働き方である。登録通訳に加え、一九七三年以降は自治体によっては設置通訳といって、役所の中に手話通訳者を置くところもある。設置通訳者は障害者総合支援法により増加傾向にある。自治体の職員の場合もあるが、非常勤の職員として、あるいは委託を受けて週に何時間かだけ勤務しているところもある。

手話通訳者を派遣するにあたっては、だれをどこに派遣するかというコーディネート業務も必要である。通訳が求められている現場（病院、学校の保護者会、講演会など）に合わせてどの通訳者を、そして何人派遣するかなどの判断が必要になる。その業務は自治体そのものが担っている場合もあるし、ＮＰＯや情報提供施設等が担っていることもある。手話通訳を経験した者がコーディネーターになっている場合も多いが、そうでない場合もある。

多くはないが、企業内で通訳として雇用される場合もある。企業内通訳は、複数のろう者が勤務している場合に置かれることが多い。通訳以外の業務も担っていて、必要な場合（朝礼や会議など）に通訳をするということがどちらかといえば多い。企業内に高度に専門的な職務を担っているろう者がいる場合には、ほとんどの勤務時間に手話通訳者が付く場合もある。通訳者は社員ではなく、外部から雇うこともある。そのろう者の能力を発揮してもらうために、企業側が通訳費用を負担してでも、メリットがあると判断しているわけである。

類似のケースであるが、大学や研究機関でろう者が働いている場合には、専属の通訳者がいる場合もある。また、専門的な手話通訳が可能な民間の通訳会社に通訳を依頼する場合もある。現在、他の外国語と同様に手話通訳を扱っている民間会社は数社にとどまる。

手話奉仕員として養成された人たちはどのような活動をしているのだろうか。彼らは手話通訳として勤務し、その対価を得ることはできない。つまりボランティアになるわけだが、どういうところで手話の力を発揮しているのだろうか。よくある例がろう者の「ママ友」になることである。学校の保護者会等には手話通訳者を依頼することができても、学校行事で会った時にちょっとした話をするとか、他のお母さんたちの話の中に入れるように手助けするなどである。実際、学校で子どもの友人のお母さんが聞こえない人だった、それがきっかけで手話に関心を持ち、自分が手話通訳を目指すことになった、という人はいる。

あるいは災害に見舞われた場合に、避難所で話し相手になることなども可能だし、大変に重要な役目だ。災害時には手話通訳者は被害状況の把握や病院での通訳など、緊急の仕事が次々とあって同じところに留まって話をすることができない。しかし、まったく情報が入ってこない中での避難生活は孤独である。食料の配布でも、はじめは音声によるアナウンスだけの場合が多い。ろう者は人の動きを目で追って、何の列かわからなくても並んでみたり、あるいは出遅れてしまっておにぎりがもらえなかったりする。そういう時に手話で一声かけてもらえたら、大変助かるわけである。そういう状況ではニュース番組に手話通訳が付いている、あるいは手話によるニュースが増えれば、ろう者にとっても情報の入手が容易になる。

大学では、ろうの学生の隣に座って手書きあるいはパソコンで授業の内容を書いて知らせるノートテイクを学生のボランティア（有償の場合もあるし、単位がもらえることもある）が担っていることが多い。その場合、手話ができれば、ちょっとした雑談や講義中に他の学生がなぜ笑っているのかなどの情報を共有することができる。授業の内容はきっちり文字で表記しても冗談などは伝えないで済ませてしまうことが多い。聞こえない学生は何がおもしろいのかわからず、置いてけぼりになってしまってさみしい思いをする。手話ができる仲間がいれば、学生生活はより楽しく充実したものになる。

いつ手話通訳者が必要とされるのか

手話通訳が必要になる場面をもっと具体的に、人の一生に沿ってみてみよう。聞こえないお母さんが子どもを産む場合、病院で手話通訳が必要になる。今、力んでいいのか、まだダメなのか。オギャーという声も聞こえないわけだから、生まれたら、生まれたと言ってほしいし、男か女かも知りたいだろう。分娩室や手術室など、通訳者が立ち入れないところもあるが、急に帝王切開のような手術が必要になった場合、本人の同意はどのように取るのか。通訳者がいなければ、医者に筆談をしてもらうしか現時点では方法はないが、忙しい医者に筆談をしてもらうのはなかなか難しく、読みやすい字で書いてもらうこともあまり期待できない。医者の説明は生死にかかわる可能性もあるし、薬の飲み方なども正しくなければ効果が出なかったり、逆効果になってしまうこともある。笑い話として、座薬は座って飲む薬だと思っていたり、「食間に飲みなさい」という指示は食事を食べている間に飲むこと、つまり食事を一口食べたら薬を飲み、また食事をする必要があると思っていたという話を聞く。文字で見たとしても、そのような間違いは避けられず、手話で説明されていたら、きちんと意味が通じただろう。

子どもが保育園・幼稚園に通うようになれば、その申し込み手続きや、入園後の面談などに手話通訳が必要になる。面談であれば、先生と一対一なので、筆談でも可能といえば可能だが、複数の人が発言するPTAの集まりなどでは全員に筆談をお願いするわけにはいかない。このような会議等での手話通訳は今後音声を文字に変換するアプリなどを使うことが可能になっていく領域かもしれないが、その場合でもだれの発言かを特定することは難しいだろう。

さて、もし子どもも聞こえなかった場合、そして地域の一般の学校に通うことになった場合には、本来であれば授業を受けるのに手話通訳が必要だろう。日本ではあまり手話通訳者を依頼しないことが多いようだが、障害者差別解消法が二〇一六年に施行されたので、公立学校の場合、教育委員会に相談すれば合理的配慮として手話通訳者を付けてもらえる可能性はある。ただ、予算措置がなされていない場合が多いので、いくら手話通訳者の配置が合理的配慮だと認められても、すぐに手話通訳者が派遣されるとは限らないかもしれない。

高校までは一般の学校ではなく、特別支援学校（聴覚障害）に通うことはできる。その特別支援学校で手話による授業が行われていなかったとしても、生徒はみな聴覚障害を持っているわけだから、教員は視覚情報を多くするなど、聴覚障害生徒が理解できる授業を行っているはずである。しかし、大学になるとそうはいかない。日本で聴覚障害の学生のための大学は筑波技術大学一校のみである。そこで専攻できるのは技術系の学科のみであるから、ほとんどの場合には他の大学に進学することになる。しっかりした障害学生支援室があり、長年にわたって聴覚障害学生の支援を行ってきた大学（筑波大学、早稲田大学、立教大学、和光大学、日本社会事業大学など）のように手話通訳者が手当てされるところもあれば、まったく手つかずだったり、学生によるノートテイクのボランティアがあるだけのところもある。手話通訳者を配置するためにはコストがかかるので、すべての大学が対応しているわけではない。専門的な学問を学んだり、医者や弁護士などの高度に専門的な国家資格が求められる領域においては、どこかの段階で手話通訳を利用して勉強に専念したという人が多い。

就職には、面接試験などに手話通訳が必要になる場合が多い。就職してからも業務のために個人で手話通訳者を雇っている人もいる。外資系企業などでは専属の通訳者を手配している企業もある。専門的な職業になればなるほど、社員に厳しい守秘義務が課せられるし、外部から派遣されてくる通訳者でも厳しい守秘義務を含んだ契約を交わすことが多い。専属の通訳者がいれば、業務上必要な通訳がすべて得られ、職務の遂行に大きな効果がある。その都度通訳を手配しなくてはならなかったり、人数や時間数に制限があり、通訳を付けてもらう場面を選択しなくてはならなかったり、緊急の会議等には手配が間に合わないということもある。通訳者の手配を本人の責任で行う必要がある場合、通訳者探しやそのコーディネートが負担となる。また勉強会や交流会に参加して見聞を広めたり、業務上の知識を深めようとしても、その都度、主催者に手話通訳者を付けてもらう交渉をするのも容易ではない。障害者差別解消法施行以降、百人を超す講演会などでは、聴覚障害者からの要望の有無にかかわらず、主催者側が手話通訳を配置する例も出てきた。手話通訳を必要とする参加者がいない場合には空振りになるが、事前申し込みをしなくても、行ったら手話通訳者がいるというのは、それで聞こえる参加者と同じ条件が得られるわけだから、歓迎すべき状況だろう。

さらには、そのような勉強会や会議は日本で行われるものだけではない。最近の若い研究者や専門職についているろう者たちは、積極的に海外の学会で発表する人が多くなってきた。しかし、国際的な会議だと英語が使用されることが多いが、英語と日本手話の間の通訳ができる手話通訳者は全国で十人程度しかいないし、海外まで同行してもらう必要がある。研究用に支給されたお金が使えればよいが、個人で通訳者の分の交通費、宿泊費まで負担しなくてはならなければ、あきらめるということにもなりかねない。

一生懸命勉強したり、働くだけでなく、趣味や娯楽の時間ももちろん必要だ。自分でスポーツを楽しんだり、観戦したり、演劇や映画などを楽しみたい人もいるだろう。スポーツの上達にはよい指導が必要だが、コーチが聴者である可能性は高く、手話通訳が必要だ。演劇や映画には字幕付きのものも多いが、最近は手話通訳付きの演劇や、手話弁士付きの映画の上映も行われるようになってきた。手話話者たちは目の人だから、視覚に訴える演劇やダンス、映像作品の領域で活躍する人たちも多い。この領域は無機質な文字通訳がそぐわないこともあるので、手話通訳は今後とも必要とされていくだろう。

また、趣味で工芸教室やお料理教室に通いたいという場合、自治体が手話通訳者を派遣してくれるところもあれば、趣味の活動には派遣してくれないところもあり、まちまちである。また、個人が手話通訳を使えるのは年間何時間までという制限を設けているところもあり、統一的な基準があるわけではない。

人生における大きな節目に結婚がある。ろう者と聴者の結婚の場合、両家の顔合わせから通訳が必要になることがある。「お嬢さんと結婚させてください」と手話で言っても通じない可能性はあるし、もし親御さんの方が「ふつつかな娘ですが、なにとぞよろしくお願いします」と声で言っても、それはろう者の耳には入らない。結婚する二人は聴こえるが、親がろう者である場合も同じである。無事に顔合わせが済んで、いざ結婚式ということになったら、手話通訳者はさらに必要である。結婚式、披露宴に双方の家族以外でも友人関係でろう者と聴者が入り混じり、二つの言語で式を執り行わなくてはならないだろう。結婚式場の予約には電話リレーサービスという、手話通訳者が間に入って電話をしてくれるサービスを使う方法もある。

みんなに祝福してもらった結婚が破局を迎えることもある。その場合には調停を申し立てたり、裁判で争ったりすることもあるかもしれない。そんな時の通訳者は、聞きなれない司法用語もわかりやすく通訳してくれる人だと心強い。また、自分が関わる裁判でなくても、裁判員裁判に呼び出される可能性もある。その場合にも、やはり手話通訳をつけての参加になる。

さらにどんなに避けたいと思っていても、突然起きてしまう災害がある。聴覚障害者で被災した人がどこに何人いるか、またその人のニーズを探るために、手話通訳者が避難所等に回ってくることもあるだろう。家族と離散してしまっている場合には、それを通訳者に訴えて情報収集をすることが必要になる。同じ地域の手話通訳者たちは、同じように被災していて、彼ら自身が大変な目にあっていることもある。また、けが人、病人のために病院に同行するので、通訳者たちはますます人手不足になってしまう。

人生の最後は葬式である。その時には死んだ本人は手話通訳を必要としないというかもしれないが、遺族や集まってくれる人たちのためには手話通訳が必要な場合もあるだろう。だれが弔辞を読んでくれても参列者はみなそれを理解したいだろうし、遺族ですら、本人が周りの人からどう思われていたかを葬式ではじめて知ったりする場合が多いのだ。また、死ぬ前に遺言を書き変えるかもしれないが、それにも手話通訳が必要だ。一九九九年の民法の改正により、耳が聞こえない者が遺言公正証書の作成を嘱託した場合には、公証人は「通訳人の通訳による申述」により、遺言公正証書を作成することができるようになった。そして死の間際の状態ではしっかりした手話表現ができなくなっている場合もあり、ろう者による読み取り通訳、あるいはろう者をはさんだリレー通訳でなければ、理解が難しい場合もある。

最後はろう者のジョークで締めくくろう。肢体不自由の人が亡くなりました。遺族はあの世でも困らないように、車いすをお棺の中に入れました。視覚障害の人が亡くなりました。遺族は白杖をお棺に入れました。聴覚障害の人が亡くなりました。遺族は手話通訳者をお棺に入れました。手話通訳者って必要！

第3章

インタビュー　手話通訳の魅力

コミュニティ通訳

日常生活で必要なすべてを支える

江《え》原《はら》こう平《へい》さん

病院への通院、役所や銀行の手続き、学校の保護者面談など日常生活で通訳が必要になった際に利用するのがコミュニティ通訳である。通訳の基本ともいえる仕事だが、需要も高く多様な中で、どのような力が必要なのだろうか。

江原さんは東京手話通訳等派遣センターで勤務している。同センターの業務内容は、主として、コミュニケーション支援（手話通訳者や要約筆記者の派遣事業）と、地域支援（都内の区市からの委託を受けて行う通訳等の派遣コーディネートの事業）、養成支援（手話通訳者や要約筆記者の養成事業）である。手話通訳者だけでなく、要約筆記者の派遣も行っているので、手話通訳「等」派遣センターなわけである。

手話通訳や要約筆記を派遣してほしい聴覚障害者や企業・団体は、ホームページに依頼の一連の流れや必要な人員についての情報が掲載されているし、問い合わせフォームから、どういうサービスを求めているかを送って相談することもできる。電話やFAXでも問い合わせは可能である。おおよそ必要となる経費もホームページに掲載されている。何人で何時間、手話通訳者や要約筆記者に来てほしいというようなことを相談すれば、見積もりも送ってもらえる。依頼が立て込んでいて、必ずしも派遣できないかもしれない日もホームページ上に書いてある。はじめて利用する人にもわかりやすい。

これら派遣センターが行っている業務の中心は障害者総合支援法の中の地域生活支援事業であり、障害者の意思疎通支援事業の一つである。市区町村の必須事業と定められているが、都道府県が実施する場合は、より専門性の高いもの、または広域にまたがるものである。つまり、自治体の派遣窓口に依頼するような意思疎通支援に関わる通訳がいわゆるコミュニティ通訳だと考えてよい。「コミュニティ」とは主として地域社会のことだが、そこでの日常生活で必要になるすべての活動を支えるのがコミュニティ通訳である。

個人の通訳で代表的なものは病院（通院）での通訳、弁護士に相談する際の通訳（離婚や遺産など）、福祉サービスの利用（介護保険の利用、デイサービスに行くための手続きなど）、不動産関係（アパート等の賃貸契約、家やマンションを買いたいなど）、子育て・教育関係（学校での面談、PTAなど）、地域の自治会・町内会、銀行の手続きや、年金や確定申告などの相談の通訳などがある。日々の生活を送っていくうえで必要になるすべての領域が含まれる。また、講演会などに参加したい場合、合理的配慮の一環として主催者側が通訳を手配するのが理想形だろうが、それがかなわない場合には、個人が福祉サービスの一環として、市区町村に申請するということはある。つまり、趣味や教養に関しても市区町村は意思疎通支援事業の一環として、通訳を派遣することもある。

ろう者と交流するうち、自然と目指した通訳の仕事

江原さんが手話と出会ったのは、高校の友人の両親が聞こえない人だったからだ。それで手話を学ぼうと思って、地域の手話サークルに高校三年生の時に入った。特に手話通訳になりたいと思って、始めたわけではない。普通であれば、聴者は手話講習会かサークルに週一回参加

する程度である。そして、ろう者は先生という立場だ。しかし大人になって、サークルの仲間とろう協会の青年部の人たちの飲み会に参加するようになるなど、付き合いが深くなっていった。しかもサークルの仲間は夜十一時ころには帰るが、江原さんはろう者たちとさらに遅くまで飲んでいた。江原さんは週に何度もろう者と会い、ろうコミュニティにどっぷりつかって過ごした。その中で、ろうコミュニティの文化や習慣のちがいも知った。ろう者に対して年齢を聞くのは失礼ではない、と言われるけれど、実際に聞いてみると「いくつに見える？」と聞き返され、そういう場合には、思ったとおりに言ってよいのか、失礼にならないよう、少し若めに言った方がいいのか、「この問いに対してはどう答えたらいいのかな」と考えていたこともあったという。

手話を学び始めて三、四年くらいたったころには、手話通訳者になろうと思うようになった。そして東京都が開講していた手話講習会の通訳者養成クラスで一年間勉強した。年間四十回の講習で、技術、知識、倫理など、通訳者として必要なことすべての基礎を学ぶことができた。三十人くらいのクラスで、いろいろな年齢層の人が同じ方向をめざしていた。たくさんの仲間と触れ合えたことは貴重な経験だった。そして講習会の修了証をもって、居住地域の登録通訳者になった。

三十歳を直前に江原さんは転職を考える。それまでは一般企業（旅行会社）に勤めていた。

手話通訳の仕事は続けていたが、本業ではなかった。そもそも手話通訳者の数が少ない、特に男性が足りないと聞いていたので、誰にでもできる仕事ではなく、手話の仕事で生きてみたいと思ったのだ。このとき、ちょうど障害者自立支援法が施行された二〇〇六年で、登録通訳者の中から現在の職場で職員の募集があったので応募し、採用された。派遣センターに入ってからしばらくの間はほぼ毎日、現場に出ていた。はやい段階で場数を踏むことで対応力、判断力がついたそうだ。その後、手話通訳の派遣のコーディネート業務を十年以上経験して、今は現場に行くのは週に一回程度になっている。コーディネートとは、通訳の依頼があった際に内容等にあわせて通訳者を割り振る業務である。現在、派遣センターではコーディネーターとして二十名弱が働いている。中には手話通訳の経験がない人もいる。コーディネートの基準・方針には、依頼者の年齢、性別、日本語のレベルなどが含まれる。わかりやすい例では、女性の病院通訳には男性通訳を派遣しないなどが挙げられる。利用者は希望の通訳者をリクエストすることはできるが、それはあくまでリクエストであり必ずしもそのとおりに実現する保証はない。

出すぎず、控えめになり過ぎず

コミュニティ通訳は企業内通訳や会議の通訳などと違い、利用者とは一回限り、三十分だけのつきあいかもしれない。利用者が同じでも、通訳者が毎回ちがうこともありうる。しかしだからこそ、瞬時に相手を探りながら信頼関係を築く必要がある。たとえば病院通訳の場合、通訳利用者は、極めてプライベートな内容だし、がんばれば筆談でなんとかなるかもしれない、本当は通訳はいらないのかもしれないと思いつつ、手話通訳を頼んだかもしれない。患者である聴覚障害者はもともと不安でいっぱいだ。だが通訳を頼んだ結果として、「今日は頼んでよかった」と言ってもらえればうれしいし、安心感をもって次も通訳を利用してほしい。

待合室にいる間に「今日で治したい」という気持ちで来たのか、「医者に文句がいいたい」のか、風邪程度の話なのかを見極める。利用者がわかりやすいように、医者の説明をわかりやすくかみ砕く必要があるのか。笑い話のような話ではあるが、歯科で「痛い時には手をあげて知らせてください」と言われる場合がある。それをそのまま伝えると、ちょっと痛い程度でも手をあげるので治療が進まない、というようなことが起こりうる。そこは「(我慢できないくらい)痛い時は」と情報を補わなくては本来の意図が伝わらないということだ。

また、患者であるろう者自身がどの程度の病識を持っているのか、また病気全般に関する知識を持っているのかも関係する。通訳者から医者に対して「それはどういう意味ですか」と聞き返すこともある。基礎的な医療に関する知識も必要だが、通訳者が医者の説明の意味がわからなければ、通訳はできない。「通訳者もわかりませんよ」というアピールでもある。江原さんの言葉でいう「出すぎず、控えめになりすぎず」だ。そもそも病院での通訳で、以前に担当した通訳者からどの程度の情報が共有できているかも難しい問題だ。難しい病気であればあるほど、通訳者も事前に勉強しておかなくてはならないが、極めてプライベートな情報がどこまで引き継がれてくるかも微妙である。

通訳者はもちろん業務終了後に報告書を出している。通訳の内容、一連の流れ、通訳行為の振り返りなどが記される。また、通訳は対人サービスなので、対象者に対する情報も申し送られる。手話のパターン（日本手話よりか、日本語対応手話＋口話か、指文字で表現してきちんと意味が通じるかなどの情報）や、対象者の理解力、知識（日本語の理解力、病院や保険等に関する知識や社会常識一般）、性格についての情報も得られることはある。しかし、それを信じすぎてもいけない。対象者と通訳者の相性もあるかもしれないし、たまたますごく調子のよい日や悪い日もあるかもしれない。しかし、事前情報はあった方がよい。

通訳は聞こえない人が船長の船旅

コミュニティ通訳は日常生活に関わる通訳が多く、ある意味通訳者にとっても身近であるという点で入り口としては入りやすいかもしれない。しかし、関わる場面や人は幅が広い。臨機応変さが求められる。通訳技術はもちろん必要だが背景知識が大事である。背景知識の有無が実際の通訳の質を大きく左右する。「勉強しない通訳者はダメ」だと江原さんははっきり言う。

「勉強することが楽しいと思える人」がよい通訳者の資質だ。つねに向上心、向学心があること、それがあってこそ、達成感がもたらされる。「知識や技術を向上させるための学習がいやなら、通訳をやってはいけない」と、それが一番大事なことだそうだ。人との関わりがあまり苦にならず、楽しいと思えることや、対人関係能力も求められる。

その江原さんの原点は、失敗体験にある。冷や汗をかく現場は今でもあるが、まだ通訳経験が浅いころ、聞こえない人が講師だった講演会で読み取り通訳を担当した際に、ほとんど読み取れなかった。ペアを組んでいた通訳者も読み取れなかった。そして、その時のパートナーは、それがきっかけかはわからないが、その後手話通訳をやめてしまったそうだ。負けず嫌いな江原さんは、逆にその太刀打ちできなかった悔しさをバネにがんばった。他の外国語通訳の通訳技術についての本を読むなどして勉強した。今では手話表現をする通訳より、読み取り通訳の方が好きだという。

最適解が今もって導き出せない事例もあるという。たとえば脳梗塞の結果、半身不随になったろう者が手を拘束されていたケースがあった。物を投げたり、暴れたりするという理由で手を縛られていたわけだが、ろう者にとって手を拘束されるということは聴者で考えれば口にガムテープを貼られているようなものである。通訳をしている間は手の拘束は解かれていたが、帰ろうとしたらまた拘束しようとしていた。その時、通訳者として自分がどういう行為をすることが最適解だったのか。たとえば手話話者にとって手を拘束されることの辛さを病院側に訴えるべきだったのか。もちろん事例検討会等でいろいろな事例を見聞きして準備はする。しかし、その場での唯一のベストなやり方というのはおそらくない。むしろ、そこでいくつの選択肢が思い浮かぶか、そしてその中のどれを選ぶかが通訳者としての技量だ。さまざまな実践力や対応力が求められる。もちろん病院だけがハードな通訳なわけではなく、たとえば弁護士との相談などでは、離婚したいとかお金がない等の深刻な相談がなされる。

手話通訳をやっていて楽しいことは、想像もしなかったようなことに出会うことだそうだ。江原さんはそれを「船長次第でどこに行くかわからない大きなクルーズ船に乗っている」とたとえる。聴覚障害者とひとくくりにいっても、いろいろな環境で育ち、さまざまなアイデンティティを持った人たちがいる。どんなことに遭遇するかわからない。その場での主役は聞こえない人であって、脇役の自分はどんな力を発揮できるだろうか。それは積極的な思いだ。完全な黒子であってはよい通訳にはならないと思う。また、いい訳出ができたな、と思える瞬間もあって、そういう時には達成感がある。

逆に辛いことはどんなことか聞いてみたが、あまり思いつかないそうだ。いい意味で忘れることができるのもよい通訳者の資質かもしれない。「失敗をずっと引きずっていたら、重すぎて前に進んでいけないでしょう」と明るく言う。「人を大切にしつつ、自分を大切にすることも大事ですよ」というのが、アドバイスだ。

意識的にしていることとしては、学習→通訳→学習→成長している自分の確認→次の通訳というように自分の中で細かくフィードバックしつつ、そのスパイラルを繰り返していくことだそうだ。できたところ、できなかったところは細かく振り返るが、そこでチェックをしたら一応決着、区切りを付けて次に進むのだそうだ。

今後のコミュニティ通訳の課題は通訳者の高齢化と若い人のなり手がいないことである。現在の日本の手話通訳を担っている世代は六十歳前後が半数以上で、逆ピラミッド型をなしている。また、男性通訳者が少ない状態は依然として続いており、その地域に男性通訳者が二〇％いたら多い方である。今、六十歳の通訳者がおそらく手話を覚えた二十年前には、子育てが終わったら、何か社会貢献しようと思えるほどには、社会に余裕があった。今は専業主婦がほとんどいなくなっており、手話講習会を開催しても特に昼間の参加者が減っている。また、現在は手話通訳と要約筆記の依頼が二対一くらいだが、今後文字による情報保障の要望はもっと高まるかもしれない。

手話奉仕員として養成された人が後に通訳者となることが多いコミュニティ通訳は、有償ボランティアだという見方が依然として根強い。そのような見方から脱却して、手話通訳が専門的な仕事であるという認識が必要になってくるだろう。仕事としてコミュニティ通訳を担う人を増やしていかないと、通訳者は確保できない。お金と時間が自由になってボランティア活動に専念できる層がもはや存在しなくなってきているのだ。

コミュニティ通訳は生まれるところから死ぬまでのあらゆる場面に関わることができる通訳だ。いろいろな出会いがあり、ふだん行けないような場に行くこともできる。普通の人では経験できないようなこともできるのだ。そして、何にもまして、「人の役に立てる仕事」であり、自らも学習し成長することができるのが手話通訳の醍醐味である。若い人たちや、もっと小さな子どもたちも、将来に夢をもって積極的にめざせる職業になってほしい。

教育通訳

自分の通訳を介して、新しい気づきを

荒《あ》《ら》井《い》美《み》香《か》さん

学校の授業や社会人向けの公開講座など、教育分野で活躍する通訳者がいる。だれもが等しく教育を受け、学ぶ喜びを得るために欠かせない存在だ。高等教育ともなれば専門知識が求められるし、受験勉強や面接試験など、一生を決める場面にも関わる。どのような能力、心がまえが必要なのだろうか。

大学に入るまで荒井さんには手話との接点はなかった。たまたま入学式で友だちになった人が、最初に勧誘されたサークルに入ると決めていて、一緒に入ったのが手話サークルだった。小規模な大学ではあったが、ろう・難聴の学生が多く、十五人くらいはいた。そこで、荒井さんは四年間手話サークルと情報保障団の活動を続けることになる。情報保障とは、聴覚に障害のある人に手話や文字で情報を提供することだが、日々の授業ではなく、入学式で手話通訳とパソコン文字通訳をすることが任務だった。そのため一月から三月の間は毎日大学で練習をした。ろう・難聴の学生たちも関わって、合宿なども行った。

荒井さんが大学に入ったのは一九九九年。「ろう者とは、日本手話という、日本語とは異なる言語を話す、言語的少数者である」とろう者を定義した「ろう文化宣言」（木村晴美・市田泰弘）が出たのが一九九五年。今よりもろう者の言語・文化に対する主張が強硬だった時代だったと荒井さんは当時を振り返る。学内の教授陣もろう・難聴の学生たちの考え方も割れていた。ひどく難しい日本手話など覚えても無駄だという人もいた。何が混乱しているのかもよくわからないまま、自分は英語（語学）も苦手だし、聴者として手話を学んでいるのだから、日本語に対応している日本語対応手話でいいと思っていた。しかし、どうしてろう者は母語としての「日本手話」と「ろう文化」をあんなに強硬に主張するのかが、とても不思議でずっと心にひっかかっていた。

大学三年の後半くらいから、サークルの活動などを続けているうちにだんだん聴者とろう者では手話に関する意識がまったく違うことに気づくようになる。「聴者が手話とろう者を切り離して考えていること、それはろう者にとっては自分の一部を引きはがされているような感覚になるのではないだろうか。自分がしていることはろう者の言語を奪っているのではないか」という疑問がわいてきた。はじめのころは対応手話で通じている気分だった。しかし、ろう者が聞こえる自分に対して、日本語の順番で対応手話を使うのは、対等な関係ではないのではないか。それが聴者にとって有利だということに聴者は気づきにくい。対応手話による情報伝達は、ろう者にとっては十分ではなく、わかりにくい。その上、わからなかったと言い出しにくい。ろう者が自分のことばである日本手話で言えることを対応手話で一〇〇％語ることは難しい。削られる内容がどうしてもある。それなのに聴者は、対応手話で表される内容が少ないのを見て、ろう者の言いたかったのはそれだけだと思ってしまう。

大学という狭い世界ではあれ、聴者が気づかずに、あるいは善意でやっていることに大きな疑念を持った荒井さんは、「聴者が当事者である」と思うようになる。そして多数派である聴者が変わっていかなくてはならないと確信する。自分にできることは何だろうと考えて、「ろう者の本当のことばを聴者に伝える通訳になろう」と思い立つ。ろう者のことば、すがたを知って、ろう者が自由に語ることばを伝えられる通訳になりたい、「ろう者のすがたが見えるメガネになりたい」。それが四年かかってたどり着いた結論であり、目標だった。

国リハでの学び

国立障害者リハビリテーションセンター（通称・国リハ）の学院で手話通訳が学べることは大学の手話の授業を持っていた先生から聞いた。なにしろ、あの「ろう文化宣言」の木村氏・市田氏が教えている学院である。「日本手話の通訳になる」ためにはそこしかない。手話通訳になろうと決めたところで、当時手話通訳の普及率や認知度はそれほど高くなく、どのくらいの収入があるのか、職業として成り立つのかも知らなかった。しかし日本語対応手話を使う通訳者がほとんどで、日本手話通訳がすごく少ないことは知っていた。たくさんの人がすでにやっているのなら、自分がやる必要はない、人材が少ないからこそ、自分がやろうと思った。

国リハではナチュラル・アプローチといって子どもがはじめて言語獲得をする時のように、学ぶ言語だけを使って吸収させる方法をとっており、手話だけではじめの半年から一年間の授業を行う。文法や単語の知識がない状態で先生が手話で語ることを見て、ああ、今は名前を言っているのだな、とか、時計を指せば、時間の話をしている（今は何時で、今朝は何時に起きたなど）と想像しながら学習していく。しかし、すでに対応手話を知っている荒井さんははじめて手話を学ぶ人と同じように学んでも、手話単語を知っている自分は同じ結果にならないという意識があった。そこで、自分自身に課したのは非手指要素（NM）といわれる手話の文法を担う目や眉の動きなどに集中して見ることである。

二年次に入ると通訳トレーニングが始まる。その際にも自分が強化したいところを集中してやってみる、という方法で勉強した。たとえば、市田先生に言われた「ロールシフト（手話の話者が一人で複数の話し手の役割を担う表現。レファレンシャルシフトとも言う）を制する者は手話を制する」を身に付けるために、すべての課題にロールシフトを入れて表現してみて使い方を直してもらう、などの方法をとった。そして同期生三十人のうち、卒業までにただ一人、現役で「手話通訳技能認定試験」（通称・手話通訳士試験）に合格する。

国リハは二年で修了する。卒業後の職業選択としては、地域の設置通訳やコーディネーターになる、企業内通訳として会社に入る、大学の支援室などでコーディネーターになる、などがある。国リハに対しても、条件はさまざまだが、今はたくさんの求人がある。その中で荒井さんは研修生として国リハに残ることを選んだ。まだ通訳として独り立ちするには学び足りないと思ったからだ。

準備が通訳のできを左右する

研修生時代には先生の手伝いを中心に毎日何らかの通訳の仕事があった。今も印象に残っているというのが、当時ろうの先生たちが大学や大学院で学んでいて、その授業通訳の仕事だという。大学院で「マルクス主義から環境問題を考える」という講義があったが、難しすぎて通訳にならなかったのだ。初回にはマルクス主義の入門書を一冊読んで行ったのだが、そんなものので歯が立つ内容ではなかった。

それ以降は、マルクスに関する基本書を読む、担当教員の著書を読む、シラバスを読む、そして自分で図などを書いてノートにまとめるという作業を行った。準備の仕方で当日の通訳のパフォーマンスが違うからだ。通訳技術は次の授業までの一週間では変わらないが、準備作業が通訳のできの八～九割を決める。「自分がどこまでわかっていると通訳ができるかが、だんだんわかってきました」と荒井さんは言う。毎回の準備は大変だが、大学やその他、中学レベルでも毎週固定の授業が学期ごと、あるいは通年で入っている場合には、お互いに慣れてくるし、授業内容が変わらなければ、準備の負担は減ってくる。

目的に合わせた通訳を

荒井さんの現在の仕事の実際を見てみよう。単発の研究会、講演会、学会、シンポジウムなどでは、一年前から依頼が入っている場合もあれば、会の聴衆の中に手話通訳を必要とする人がいるので、と直前の依頼が舞い込むこともある。発表資料は一週間前にもらえるというのがだんだん一般的になりつつある。ただしそれだけを見るのでは十分ではない。荒井さんはまず講演者の著作やネット記事などを調べる。それをもとにして、発表資料の理解を深めるのだ。通訳の利用者、その場の目的に合わせてある程度の翻訳を考えていく。三十分の発表のために準備に二ヵ月かけることもある。当日は発表者・講師と直接打ち合わせをする時間を十五〜三十分程度もらえることが多いので、確認したい事項を質問する。また、通訳利用者が一人である場合には、その人と直接手話表現の確認をすることもある。

ここまでは学生・聴衆の中にろう者がいる場合の通訳で、授業や講演の内容を聞いて手話で表現するのが仕事である。逆に、講師・発表者がろう者である場合もあり、ろう者の手話を日本語に通訳する（読み取る）のが仕事である。この場合には、講師は通訳が付くことに慣れているので、必要な資料や打ち合わせの時間がもらえることが多い。そこにも手話通訳の利用に関するろう者と聴者の認識の違いが反映している。読み取り通訳の場合には、専門用語をおさえたうえで、場と聴衆の目的に合った日本語に通訳することが重要なポイントになってくる。また、大学のゼミにおける通訳などでは、議論における双方向の通訳が必要となり、より高度な通訳が求められる。

さらには、入試という人生の重大な局面での通訳もある。近年特に重要視されるようになってきた面接試験では、受験生は正当に評価されることが目的であり、学校側は正当に評価することが目的である。「通訳の言動が評価に影響してはならない」というのが最も大事なポイントだと荒井さんは言う。そのためあまり大きなタイムラグが生じないこと、通訳者が介入したり、ヒントを出したり、手助けをしていると思われないよう、細心の注意を払うという。

場の目的にかなうということでは、中学の理科の授業のような場合、教科の内容、たとえば光合成のような現象のしくみを伝えることが目的であれば、用語をそのまま示すのではなく、意味を表す手話に変換するが、高校受験の筆記試験を解くことを念頭におけば、用語に関しては光合成という日本語がしっかり記憶に残るようにしなくてはならない。もしくは、教師が光合成という用語の理解を確認しようとしているのであれば、先走って通訳者が意味を表す手話に変換してしまっては意味がない。また、荒井さんが強調するのは、通訳者が教育活動としての授業に介入してはならない、ということである。「通訳者は生徒を指導する立場にはありません」というのが彼女の通訳者としての明確な立ち位置である。

中学理科の授業で通訳する荒井さん（左）

聴者であることを意識する

荒井さんが一番気をつけて意識しているのは、相手のことばを否定しない、あるいは否定しているとみられないようにすることだという。自分が聴者であること、つまりマジョリティであるということは意図せずに何らかの意味を持ってしまうことがある。無意識の行動がろう者や難聴者にストレスを与えないように常に気をつけている。聴者だということで、権威的に見られてしまう（聴者だから偉い、あるいは聴者だからろう者のことをネガティブに見ている）ということは避けたい。

荒井さん自身は「ろう者のことばを通訳したい」と思って通訳者になった。しかし、対象者にはいろいろな人がいる。難聴者もいれば、中途失聴者もいる。どの人に対してもその人のことばを否定しないように通訳のことばを選択する、さまざまな手話、通訳の形態の希望を尊重する、というのが荒井さんが大事にしていることの一つだ。常に二択ではなく、バリエーションを提供したいという。たとえば、大学に入ってからはじめて手話を覚えたという聴覚障害の学生もいれば、大学の授業ではじめて手話通訳を経験する学生もいる。使う手話もさまざまだし、手話通訳に対してコンプレックスを持つこともありうるだろう。

通訳者は通訳現場を俯瞰で見られなくてはならないと荒井さんは言う。「今出てきたことばに集中してしまうと、ことばの変換にエネルギーを取られてしまう。それだと視野が狭くなって、文脈の中での意味まで考えられません」。そうではなくて、通訳者の仕事は原発言の目的や意図が正しく伝わったかどうかだ。そして、「通訳者は個人として（荒井として）存在しない方がよい。通訳者は参加者ではない」というのが彼女の考えだ。たしかに筆者（岡）も共著者の木村晴美氏から「あの講演はだれが通訳していたかは記憶にないが、講演内容はすっと入ってきて、しっかり覚えている」と言われた経験がある。通訳は黒子だという考え方は最近ははやらない考えかもしれないが、あたかも通訳を介さずに直接講演を聞いたように認識できるような通訳は、ひとつの理想形かもしれない。

手話は美しい

荒井さんの通訳活動で大変なのは準備だけではない。通訳の成否がすぐに相手の反応でわかってしまうという辛さもある。講演会場などでも通訳を必要としている対象者はだいたいわかるし、対象者が複数の場合、「今の通訳全然わからなかった。今日の通訳変じゃない？」といった参加者同士の手話による会話が見えてしまうことがある。つまり、評価が進行形で見えるのだ。読み取り通訳の場合は、聴衆はマイクを握った自分の背後にいるので、聴衆の反応は即時には伝わってこない。時折、同じタイミングで笑いが起きれば、ああ、伝わっているなと安心できる。

この仕事をしていて楽しいのはいろいろな人の話が聞けること、そして人や社会が少しずつでも変わっていくのが見えることだという。「自分が仲介した情報で、新しい気づきがある」という手ごたえとともに次の課題が見えてくる。理想に向けてがんばろうという気持ちになる。

荒井さんは今フリーランスで手話通訳の仕事をしている。環境、制度ともに、以前にくらべてそれほど整ってきたというほどのことはないそうだ。一月末になっても四月以降の日程はまっ白だという。固定の仕事がなければ、どの程度の収入があるのか見込みは立たない。毎年大学から依頼があると思っていても、今年は対象の学生がいませんから、と言われればそれまでだ。だから多くの手話通訳者は企業内通訳として自身も通常の仕事をしながら必要に応じて通訳をするというような道を選択する。フリーランスの通訳者の仕事が安定しないのは他のどの言語でも同じかもしれないし、言語間で需要に応じて料金が違うのも当然のことかも知れない。その中で日本手話通訳を選んだ荒井さんは自分の仕事を、手話をどう感じているのか。「日本手話が昔にくらべてきれいだな、と思うことが増えました。細かい目のふるまいやうなずきなどの動きが見えるようになってきたので。日本手話を知らない人には見えないであろう美しいものが自分には見えて、得した気分です」と言う。「手話で見える美しいもの」、見つけたい人はいませんか。

医療通訳

医師と患者の信頼関係をつなぐ

江木洋子《えぎようこ》さん・矢野智子《やのともこ》さん

病院での診察、治療には症状を聞いたり、治療方法を伝えたり、患者と医師のやりとりが欠かせない。実際、医療通訳がいることで治療の効果は相当変わる。専門知識とケアの心を兼ね備える、医療通訳の深い世界をのぞいてみよう。

病院における手話通訳として知られている江木洋子さんはもともと看護師である。今回取材のお願いをしたら、「私の都合はいいんですけどね、お産がちょうどその頃で。通訳パートナーと一緒でもいいですかね。そうすれば、いざ呼び出しがかかっても、どちらかは残ってお話しできますから」という答えが返ってきた。ぜひお二人にお願いしたいということで江木さんと矢野智子さんへの取材が実現した。幸い、お産は前日にぶじに済んだということで、二人の顔は晴れやかだった。

矢野さんは関西圏の病院で手話通訳の仕事に従事している。江木さんは同病院を定年退職後、派遣手話通訳登録者として、現在でも手話通訳をしている。

しかし、二人の立場や背景は大きく異なる。江木さんはまず看護師であり、その仕事の中で必要に応じて手話通訳をするうちに、病院の中で手話通訳の必要性、重要性が認められるようになっていった。いわばその結果として、二〇一一年から勤務先の病院で直接採用の手話通訳者が配置されることになった。矢野さんは二〇一七年からその常駐の通訳者として病院に勤務している。お産は何時間かかるかわからない。日中に始まれば、院内通訳者は五時間までの残業は認められているそうで、夜間のチームが来られるまでの時間はつなぐことができる。夜間に始まれば、夜間のチームの二人に市の障害福祉課におかれたコーディネーターから連絡が入る。実際に現場にいる通訳者は一人なので、交代で引き継ぐことはできる。妊婦であれば、ずっと手話通訳はいるが、手術の場合には意識がある間だけ寄り添うことになる。もちろん「でも、腰椎麻酔だと意識はあるしね、通訳はいるわ」ということもある。

「自分たちにとって手話は趣味ではない」

江木さんの両親は耳が聞こえない。家庭内では手話を使っていたので、幼いころから外の世界が関わる際には、通訳をしながら育った。病院での通訳ももちろんそうだったが、近くの買い物、銀行などでも自然に通訳をしていた。自分の学校の面談でさえ、二者面談の時はお母さんががんばって先生と筆談したそうだが、「三者面談では私が通訳してましたよ」と言う。しかし、周りから「ちゃんと通訳しなあかん」と言われ、反発もしていた。だから看護師になったのかもしれないと振り返る。

矢野さんの場合はいとこのお兄ちゃんが耳が聞こえなかった。家庭内では口話で厳しく育てられ、矢野さんも話が聞き取れた。ただ、その彼が結婚した相手も聞こえない人だったのだが、矢野さんにはその人が言っていることがよくわからなかった。「この人としゃべりたい。手話ができれば話せるんだ」と思って、市が開催していた手話入門講座に通い始めた。それが二十三歳くらいのころ。当時は銀行勤務で忙しく、夜の講座終了後、受講生で立ち上げた手話サークルの定例会には通いきれなかった。ただその時のろうの講師に「自分たちにとっては、手話は趣味ではない。だから絶対にやめないでほしい」と言われたのが、強く心に残っていた。そのため、結婚して一度別の町に離れたが、また戻ってきた時には子どもを実家の親にみてもらって再び講習会に通い始めた。

江木さんの場合は、八年間の外科外来の看護師を経て、外科病棟の看護師になった。定年退職するまでにはさまざまな管理職としての立場も経験した。外科の外来にいた時には手話ができると院内で知られ、他の診療科に聞こえない患者さんが来ると手話通訳のために呼ばれるようになった。そのために江木さんが外科から抜けると、江木さんを呼んだ科の看護師さんがバーターで外科に来てくれるようになった。外来看護師会議で手話通訳の必要性が認められ、江木さんは仕事の一環としてどの診療科へも出かけて行けるようになった。そもそも外来にろう者の患者さんが増えたのも、この病院に行くと手話ができる看護師さんがいる、という話が広がったからかもしれない。

医師と患者の信頼を築く

江木さんが病棟に配属になってからの出来事で、ドクターが怖いと言っている女性の入院患者さんがいた。そのドクターは「回診の時にはかならず通訳を呼んでくださいね」とあらかじめ言っておいてもなかなか呼んでくれない。「自分は障害者でも平等に扱う、特別扱いはしない」

と言うドクターだった。そこは看護師の江木さん、病棟の看護師さんに「あのドクターが病室に入ったらすぐに呼んでね」、と声をかけておいた。実際に通訳が入ると治療はスムーズに進んで、ドクターを怖がっていた患者さんにも感謝された。

「通訳なんかいらんやんか」と言われると、聞こえない人にもちゃんと治療を受けてほしいと江木さんに戦いモードのスイッチが入る。これは看護師の立場か、通訳の立場かと迷うこともあるが、そこで引っ込まないで医者と患者の信頼関係を構築することができれば、治療効果はぐんと上がる。実際、お互いの不信感が払しょくできて、その患者さんとドクターは手を取り合って泣いたそうだ。そして、信頼関係がしっかりできてからは、通常の診察であれば、逆に通訳なしで大丈夫と言われるくらいに意思疎通がうまくいくようになったそうである。これは通訳者が常にその場にいるからこそできたことで、派遣の通訳者ではそうはいかない。通訳者が常駐していることで、チャンスが作れるのである。

病院なので当然、内視鏡の検査や手術の縫合、出産後の胎盤が出てくるところなど、いわゆる血を見る現場があるが、矢野さんは看護師ではないながらそう気にならない方だそうである。ただ、医療従事者でない矢野さんには入れない場所ももちろんある。病院関係者も、医師と看護師は見てわかるが、手話通訳者がいると「この人だれ」となってしまう。その状況を見てか、医事課長が精神状態や身体を心配して、「カウンセリングを受けてもいいよ」とか「そこまで関わらなくていいよ」などと言ってくれる。

実際、重い現場も多々ある。医療通訳の特殊性の一つなのかもしれないが、病気を通じて家族関係まで見えてしまうこと、またその対応が必要になることがある。江木さんは、ある若い女性の入院患者さんに対する説明に際しては自分を呼んでくれと依頼していたにもかかわらず、医師はろう者の患者ではなく健聴の両親に説明してしまった。江木さんが本人は納得しているのかと聞いても要領を得ない。そこで江木さんは自分が通訳するからと言って、改めて医師から本人に直接説明してもらった。患者は納得し、医師は退出したが、そこで江木さんは患者から「私は両親に言いたいことがあるから、通訳してほしい」と引き止められる。両親は、手話には反対していた。娘との会話は口話であったのでいつも充分な意思疎通ができていなかった。そして今までいかに自分の意見や気持ちが無視され続けてきたかがあふれ出して止まらなかった。

実際、聴者の家族の中にあって、ほとんど恨みに近い感情を持っているろう者はかなりいる。たとえば親族の結婚式への出席を遠慮してくれと言われたなどの経験をもつろう者は多い。逆に家の中では自由に手話を使っていた江木さんの家族でも、子どものころのお出かけで電車の中で両親の間に座っていた江木さんが手話でふだん通りに話そうとすると「手話は使うな」と言われた経験を持っている。

矢野さんの体験では、七十代のろう者が緊急入院することになり延命処置の意思確認を行う状況になった。そこで、八十代の兄を呼んだのだが、二人の間にはそれまで会話らしい会話もなかったようだ。兄の方が一方的に「弟は勝手ばかり、相談もしない」と言うばかりだった。しかし、弟はおそらく相談をするすべもなかったのだ。矢野さんが手話通訳に入ることで、ごく一般的な兄弟の会話が成立した。

こんな状態になって、はじめてお互いに今まで知らなかった一面を知ることができた。それがきっかけで兄もやさしくなった。ずいぶん遠方から二時間くらいかけて見舞いにくるのだが、帰りがけにもやさしいことばをかけるようになった。そういうのを見ると、自分が疲れている時であっても、よかったなあと思える。

ちなみに、実はこの患者さんの息子もろう者なのだ。だから、緊急の連絡があっても、電話では連絡がつかない。ＦＡＸを送ろうにも、ＦＡＸ機はナースステーションにはない。事前に携帯電話に病院の番号を登録しておけば、その場で用件を確認できなくても着信履歴から後から代理人が確認することもできる。

周りを巻き込んで、理解者を増やす

この仕事をしていて楽しいと思うのは治療がうまくいくことだと言う。生活習慣病の患者の血圧が下がったり、手術が終わって元気になって退院すれば、ほっとするし、自分も元気になる。では、辛いことは、と聞くと、二人とも特にない、忘れていると答える。辛いことがないはずはない。余命の告知の通訳もしているのだ。しかし、患者にとって納得のいく治療を受けてもらう、ということを確保するための支援をするのが手話通訳で、治療自体の効果の責任は当然のことだが、負っていないのだ。そこにあまり引きずられては、通訳の仕事がまっとうできないのかもしれない。

本来なら、医師と患者が直接話せるのが一番よい。正しい診察、正しい治療ができて、患者さんが元気になる。それを可能にするのが一番大事なことだ。だから、医師の言うことをただそのまま伝えるのでは十分でないことはたくさんある。ましてや自分がわからないまま通訳してもダメなのだ。医師の言い回しがわからなければ聞き返す。そして、継続が力だ。江木さんは、常に周りの理解に恵まれたというが、周りを巻き込んで、理解者を増やしていけば、少しずつ周りの考え方も変わる。矢野さんの上司からの「あんたの粘り勝ちやな」と言う発言は、がんばった人に対する勲章だろう。

江木さんが病棟勤務をしていた時には、江木さんが他病棟へ通訳に行くのではなく、他科の病棟のろう者の患者を江木さんのいる内科病棟に入院させてもらえるようになった。その方が、江木さんが病棟を抜けることもなく、ろう者の患者も安心して入院治療が受けられると病棟師長が理解を示し協力してくれたのだ。

患者にとって一番よい環境、回復に一番適した環境におく、ということでその病院ではそのような融通が認められていたのだ。実際、ろう者であれば、江木さんの顔を見るだけで安心しただろう。手を拘束されるのが嫌で、足から点滴を入れてもらうろうの患者もいるというが、とても痛いのであまりお勧めではないらしい。いずれにしても、自分のスリッパの音がうるさくないかとか、自分のおならの音は他の患者さんには聞こえるのか、というようなことを聞ける相手は本当に心から信頼する、心を許した聴者以外ではあり得ない。

手話に触れるきっかけをどう増やすか

一九六三年に日本初の手話サークル「みみずく」が、耳が聞こえない人により良い看護を提供したいという京都の看護師さんの意識から始まったように、病院における手話通訳の必要性というのは早い段階から感じられていたのかもしれない。しかし、この病院のように直接的に通訳者を雇用している場合でも、今の立場は半年更新の臨時職員である。市の職員として（公務員として）採用され、配置先が他の病院にも拡大されれば手話通訳者の雇用の機会ももっと増える。職業として確立していけばよいと思う。手話通訳がいるということは、安全な治療ができるということなので、診療報酬の加点対象にしてもいいのではないか。また、病院の機能評価機構で高い評価をつけてもらってもよいのではないか。実際に日本でも医療事故が起きたら、裁判に訴えられるような傾向も出てきた。医師の指示がもし患者にしっかり伝わっていなかったために服薬の間違いが起きたりした場合、だれの責任になるのか。これはろう者だけに限ったことではない。これから二〇二〇年のオリンピック・パラリンピックや外国人労働者が増えるにつれて必要がさらに増していくことが予想される外国人に対する医療通訳という大きなくくりの中に、手話通訳も含まれると考えられる。

手話ができる看護師さんが増えればよいのかもしれないが、看護師さんのなり手も多くはないし、なってもなかなか長続きしない、きつい職業である。そういう人たちに手話を覚えるという負荷をさらにかけることが現実的な解決方法になるのか。看護学校のカリキュラムの中に少しでも手話の時間を入れる、また、聴覚障害者が抱える困難さを理解できるような授業を入れるということから始めてもよいかもしれない。最初は深く考えなくても、「手話知らんけど、聞こえない人の困りごとがわかる」、「ちょっとかっこいいから」でいい、小さなきっかけから、聞こえない人と出会って、一緒に遊んで、それから仕事として考えるのでもいいと思う、と二人は声をそろえる。普通の生活をしていたら、聞こえる人はろう者とは出会わない。手話言語条例もできたので、出会うきっかけとして、手話ってこんなもの、と知ることができるような機会がもっと増えていくとよい。大勢の中で、一人か二人でも手話って楽しそうだな、何かひっかかる、気になると思ってくれる人はいるだろう。そこから意外と深くて広い医療手話通訳という専門の世界が広がっていくのかもしれない。

司法通訳

弁護士の専属通訳として活躍する通訳者

齋《さい》藤《とう》真《ま》佐《さ》美《み》さん

司法の分野では言葉づかいに厳密さが求められ、弁護士となるとさらに交渉力が命となる。高いコミュニケーションが求められるこの仕事だが、通訳とタッグを組んで活躍する聴覚障害者もいる。専属通訳だからこそのコンビネーションとあわせて紹介しよう。

このインタビューは齋藤さんのご希望により、彼女が専属で通訳をしている田門浩弁護士同席のもとで行われた。田門さんはろうの弁護士として二十年以上活躍するベテラン弁護士だ。齋藤さんが田門さんの通訳を始めたのは四年前だ。齋藤さんはちょうどそれまで事務職で務めていた弁護士事務所を退職したところだった。前任者は十七年も田門さんの通訳をしてきたベテランだ。その方が退職することになって、田門さんは手話通訳兼事務ができる人を探していた。

齋藤さんは以前から手話通訳の仕事をしていた上に、弁護士事務所で勤務していたために、法律用語には慣れていた。また、弁護士の夜の研修会の通訳を担当したこともあった。前の職場を退職してから、何をするか明確に決めていたわけではなく、手話通訳をするだろうとは思っていたが、どういう形でするかは決めていなかった。しばらく考える時間をもらって、引き受けることにした。

そもそも齋藤さんが手話を勉強し始めたのは、たまたまテレビを見ていたら、手話をしている様子が映って、「手って、あんなにきれいに動くんだ、コミュニケーションができるんだ」と思ったからだった。それまで、手は作業をするものという意識であり、物をもったり、料理をしたりするものだったと思っていたが、人とコミュニケーションが取れるものだと知ったのが新鮮だった。当時はインターネットもなく、手話をどこで学べるのかもわからなかった。ある時、渋谷のお寺でボランティアで手話を教えてくれるところがあると知り、通ってみたが、「手話は表情が大切」と言われ自分には合わないと思い続けなかった。その一年後に区報で手話サークルがあるのを見つけ、もう一度やってみようと思い立った。齋藤さんが二十三歳の時である。そのサークルのメンバーはほとんど聞こえる人たちだったが、四分の一くらいは聞こえない人が毎週参加していた。そこで、知識と技術を身に付けたと言える。その中には福祉的な知識も含まれる。その後東京都の手話講習会に一年間通ったが、もともと手話通訳になることを目指していたわけではなかった。求めていたのは聞こえない人との交流で、「年をとったら茶飲み友だちになりたい」と思っていた。

もっと手話を勉強したいと思ったきっかけは、手話通訳士の資格、制度を作ろうという運動に関わったからである。「アイラブパンフ運動」という、一九八五年くらいからろう者と手話を学ぶ聴者が一緒になって始めた運動に参加した。「IアイLOVEラブコミュニケーション―手話通訳制度化のために―」というパンフレットを普及させ、署名を集め手話通訳を制度化しようという全国的な運動だった。パンフ普及運動の成果により、一九八九年から厚生労働大臣が認定する「手話通訳技能認定試験」制度による手話通訳士試験が始まった。弁護士のような業務独占の資格ではないが、国家資格に準ずる資格である。齋藤さんは制度整備のために一緒に活動した仲間とともに第一回の試験を受け、合格した。近年の手話通訳士試験の合格率は一〇％程度で、合格率で言えば司法試験より低いくらいである。警察、拘置所、裁判所、公証役場や政見放送など、公の機関・職種では手話通訳士の資格を求められたり、あると便利なことが多い。

大切な通訳者の位置

齋藤さんの勤務時間は午前十時から午後五時半まで。仕事の中で、事務仕事と通訳の比率は七：三か六：四くらいだそうだ。つまり事務仕事の方が多いのだ。田門弁護士は並行して五十件超の案件を扱っており、成年後見人の仕事も二十件くらいと、仕事量は多い。もちろんそれに伴う書類作りの仕事がたくさんあり、齋藤さんも一部を担う。

図1

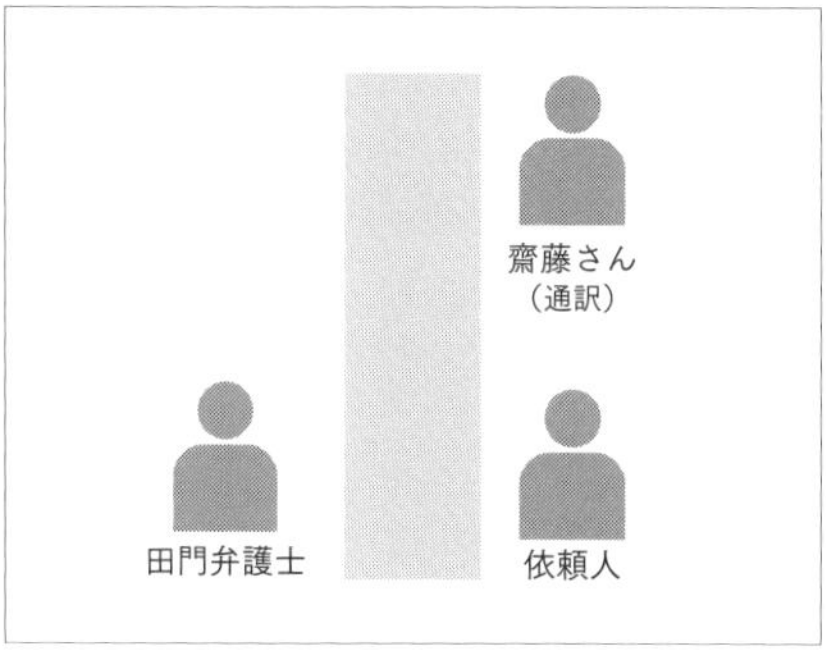

齋藤さんの通訳としての仕事は、まず田門さんの所属事務所に直接来る依頼の時である。事務所に電話で相談があることもあり、その場合には齋藤さんが電話通訳をする。事務所で依頼人と会う時は、図1のように、依頼人と田門さんが机を挟んで正対し、通訳をする齋藤さんは角に座る。田門さん

は目の端で通訳者を捉える。その方が依頼人と直接話をしているというように感じられるからだ。

また、裁判や交渉に同行して通訳をするのも齋藤さんの仕事だ。裁判に通訳が入る際には書記官経由で登録することもあるが、初回の裁判の時に田門さんが裁判官に直接言うこともある。手続きも裁判所によってまちまちである。

法廷では、基本的に田門弁護士の前に、専属通訳の齋藤さんが座ることになる。お互いの正面が見えるようにするのだ。証人尋問の場合は、前もって打ち合わせをするので、その際に通訳等の配置も決める。田門さんの尋問や回答は齋藤さんが読み取り、音声で伝える。逆に裁判官や相手弁護士の発言を手話で伝える。

手話通訳の法廷での位置は、場合によって変えることが大切だ。図2は原告側にも被告側にも手話通訳がついた裁判での証人尋問の様子である。田門さんは原告側の弁護士を担当した。証人は証言台で裁判官のほうを向いて発言するが、証言台は手話が見にくくなるので、外してもらった。原告の証言はもう一人の通訳者が読み取る。齋藤さんはその読み取り通訳の声を聞いて手話に通訳して田門さんに伝える。田門さんは原告本人の手話での発言と通訳された手話が一致しているかどうかを、齋藤さんの手話から確認する。そこに齟齬がある場合には、すぐに手をあげて裁判官に間違いを指摘する。

図3は同じ裁判で被告が証言している場合であった。被告二人はともにろう者であったため、一人に対して二人の手話通訳が派遣されてきている。それに加えて派遣事務所からコーディネーターも来ていた。コーディネーターの役割は四人いる通訳者のローテーションや通訳位置の確認もするが、読み取り漏れ防止のダブルチェックのため、という役割が大きい。もし読み取り漏れや間違いがあった場合、コーディネーターが弁護士にそれを伝え、弁護士が裁判官に指摘するという流れになる。被告を読み取る手話通訳の位置も被告側に寄っていることを見てほ

図2

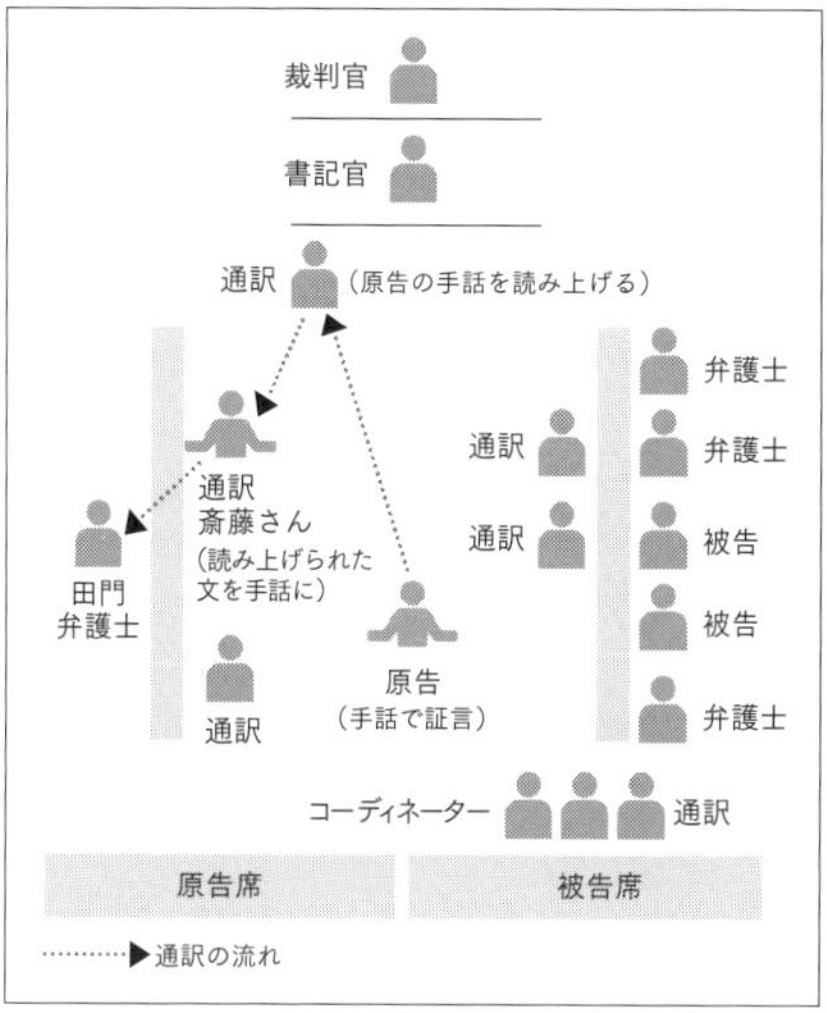

図3

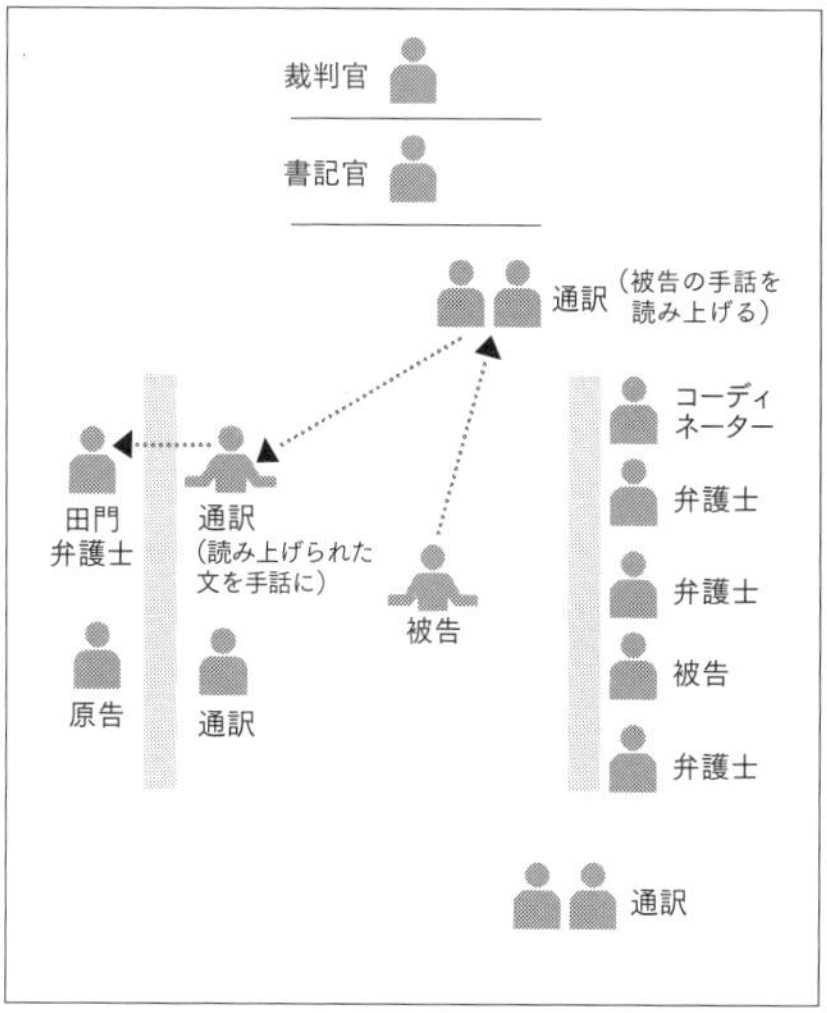

しい。原告も被告も同じ位置で証言するが、担当する通訳者は原告であれば原告側に、被告であれば被告側の位置で通訳することになる。

通常の民事の証人尋問は二、三時間で終わるそうだが、原告・被告ともにろう者だったこの裁判は五時間半かかったそうである。

音のない静かな法廷

原告も被告も聴覚障害者で、全員がパソコンに自分の発言を入力して行われた裁判もあった。田門さんは被告側の弁護士で、相手側の聞こえる弁護士も一切声を出さない。すべての発言はパソコンに入力され、それが法廷内三か所にあるスクリーン上に映し出されるという形式だった。裁判官だけが発声し、これはパソコン要約筆記者が入力してスクリーンに映し出される。もともと裁判員裁判用にスクリーンが設置されている大きな法廷で裁判は行われ、午前十時から午後五時半までの、昼食と二回の休憩をはさんだ長丁場となった。この時はさすがにほとんど仕事がなかったと齋藤さんは言うが、こうした情報保障の仕方が必要な場合もあるのだ。

田門弁護士に対する依頼はもちろんろう者からだけではない。ろう者と聴者の比率は概ね二：三か一：二くらいだという。聞こえない弁護士で通訳を介して仕事をするとなると、本当にきちんと伝わるのか、と思う人もいるだろうと想像されるが、通訳付きだからといって断られたことはないそうだ。それは田門さんの人徳によるところが大きいだろうが、にこやかな風貌も関係しているに違いない。ろう者・聴者を問わず、「安心できる、ホッとします」という人が多いそうだ。また、田門さんには他県からの依頼も多い。各地の裁判所によって作成すべき書類の形式が違うこともあり、それは齋藤さんが苦労する点だという。

田門弁護士とのコンビだからこそ

法律用語を手話でどう表すか、実は決まった表現はない。裁判では「原告は」「被告は」と言うが、手話表現は弁護士によっても表現が異なる。もちろん、田門さんと齋藤さんの間では定まっているが、原告・被告がろう者の裁判では、彼らに通訳する際の用語も事前に決めたそうだ。「原告」は通常「申し立てをする人」、被告は「申し立てをされた人」のように表すが、被告を「呼び出された人」のように表す弁護士もいる。そこで、ある裁判の時は「〇〇さんは」のように名前で呼ぶことにしたそうである。そうすれば、絶対に間違いは生じない。また、うなずきの読み取りに関して、「はい」とは読み取らない、と決めた。話を聞いている、流れがフォローできているだけのうなずきは質問に対してそれを認めるという肯定的な返事ではない。実際に答えが「はい」である場合には、「同じ」という手話表現を出廷している全員が使うこととし、その場合のみ、通訳者は「はい」と読み取る。法律と手話の両方の知識がある齋藤さんと田門さんとのコンビだからこそ、誤解が生じる可能性がある危ない部分に気がついたのだろう。

田門弁護士は『手話と法律・裁判ハンドブック』（生活書院）を監修しているが、そこに出ている手話が必ずしも常に使われているわけでもない。「法律」という手話でさえ、関東では指文字ロの手型で表わされるが、関西では「裁判」と同じ手型で表わされるそうだ。齋藤さんとしては、その場その場で田門さんが出す手話を見てこれらの単語を覚えていったという。田門さんの専属通訳である齋藤さんは基本的にすべての質問は田門さんにぶつける。他に手話通訳を使っている弁護士もいるが、その人に付いている手話通訳者に聞いたりすることもあまりないそうだ。齋藤さんは通訳をする相手が田門さんなので、意味を把握してそれを言い換えるようなことはせず、裁判官が日本語で出す用語をそのまま伝えるようにしているという。講演会の通訳などでは、講師が伝えたい内容をきちんと伝えることが必要だが、田門さんには用いられた日本語がそのまま伝わることが一番大事だと考えている。一字一句を厳密に伝える必要がある司法分野だからこそのポイントかもしれない。

齋藤さんにとって手話通訳は仕事なので淡々とこなしているということだが、めずらしい裁判に出会えば興味がわく。大変なのは何人かが同時にしゃべって発言が重なる時である。相手が見えない電話でも、相手がどんどん怒ってくると、田門さんが出してくる手話もどんどん速くなってくる。それに合わせて齋藤さんも口調を強くする。相手の発言と田門さんの発言が重なる時もあり、どちらの通訳を優先すべきかと迷うことがあるが、そういう場合は、田門さんの通訳を優先するという選択をすることが多いという。

専門性と普通の感覚の両方を大切に

田門さんはろうの弁護士が増えてほしいと思っている。現在、聴覚障害のある弁護士は十一人でそのうちの五人くらいが手話通訳を必要としている。弁護士は個人事業主なので、弁護士個人が手話通訳者を雇い、通訳料を支払っている。公的な助成はない。田門さんの通訳料は田門さんが負担しており、クライアントには通常以上の弁護料は請求していない。イギリスでは障害者一人に対して七百万円程度の予算が付いていて、その中から通訳費用が充てられるそうである。弁護士が手話通訳費用を負担するとなると、新人の弁護士は大変である。それでは聴覚障害のある弁護士は増えない。

また、裁判・司法の通訳も増えてほしいが、手話通訳の仕事の幅は広すぎて、専門性のある通訳はなかなか育たない。また、専門別の通訳を学べる場所もない。齋藤さんの場合は、田門さんの専属通訳になる前から、田門さんが参加する弁護士研修で通訳を行っていた経験がある。現在は別の通訳が付くのだが、自分の仕事に関係がある場合（たとえば破産、成年後見制度について）には自分も通訳として入るなどして勉強しているそうだ。

そのような専門性を追求しつつも、齋藤さんは一般の手話通訳者として、東京手話通訳等派遣センターの登録通訳者としての活動も続けている。手話通訳の仕事の基本は仲間とともに学びながらやっていくことだと感じている。法律や現在の仕事に関する質問は田門さんに聞けばよいが、手話通訳者として、わからない時に相談できる場所はほしい。手話通訳者は基本的に聞こえない人に会って、交流してほしい。そこに新しい発見もある。聞こえない人とともにあることが手話に携わる者の原点だと思っている。今は仕事上は日本語をそのまま伝えることが必要だと思っているので、日本語対応手話を使って通訳をしている。しかし、一般のろう者に会うと、わからないと言われることもある。聞こえない人にわかりやすい手話を使えるようになりたい、というのが齋藤さんの自分自身に対する今後の課題だという。

田門さんと齋藤さんが共有している電子日程表を見せてもらった。三色に色が塗り分けられている。田門さんが自分だけで動ける部分は緑色、通常の時間帯で齋藤さんが通訳をしている部分は黄色、夜の研修会など、別の通訳者が入ることが決まっている日程が赤で表示されている。そして日程はぎっしり詰まっている。人生で実際に法廷に出頭しなくてはならないようなことに出会うかどうかはわからないが、この二人のような最強のコンビについていてもらえたら、さぞ心強いだろうと思った。

手話通訳がついた上演。通訳者（右）にも照明が当てられる。撮影・鎌倉宏志

Column

芸術文化にアプローチする仕事—舞台手話通訳

特定非営利活動法人シアター・アクセシビリティ・ネットワーク（TA-net）は、「みんなで一緒に舞台を楽しもう！」を合言葉に、舞台芸術が好きなろう者、難聴者が中心となって二〇一三年に設立した団体である。発起人の廣川麻子が、演劇研修で訪れた英国で舞台芸術で手話や字幕が同時に表示される状況を目の当たりにし、日本にも取り入れたいと仲間に声をかけたことが発端である。

日本では最初は舞台の上で「目立つ」手話通訳より、聞こえる観客に影響が少なくだれでも取り組みやすい字幕の方が普及しやすい状況であった。しかし二〇一七年にだれもが文化活動に参加できる環境整備を求めるように文化芸術基本法が改正、つづく二〇一八年に「障害者による芸術文化活動の推進に関する法律」に「文化芸術の作品等に関する音声、文字、手話等による説明の提供の促進」が明記された。これを受けてTA-netは日本財団の助成で二〇一八年から国内各地で手話通訳者の養成講座を開講、実践を積んでいる。舞台手話通訳は、作品の世界観を大切にし、意図を理解した手話表現を選択するなど独自のアプローチが必要であり、相当の訓練が求められる。

本取り組みが広まり、日本各地の劇場でろう者、難聴者を含む多様な観客が自分にあった手段で心から舞台芸術を楽しみ、感動を共有できるようになることを願っている。

＊特定非営利活動法人シアター・アクセシビリティ・ネットワーク

［Email］info@ta-net.org　［FAX］020-4664-1221

［公式ウェブサイト］http://ta-net.org/

［アクセシビリティ公演情報サイト］http://ta-net.org/event/

スポーツ通訳

メダルを目指すデフバレー日本代表の通訳者

長《なが》松《まつ》郁《ふみ》弥《ひさ》さん

二〇一七年、デフリンピックで女子バレーボールが金メダルを獲得。近年、デフスポーツの活躍が光る。実は勝負の鍵を握るのは通訳者でもある。コミュニケーションのプロフェッショナルとして、選手と聴者の監督、チームをつなぐ。世界を舞台に戦う人材が求められている。

長松さんは一般社団法人日本デフバレーボール協会のスタッフとしてデフバレーボール日本代表男子チームの手話通訳をしている。選手は難聴者やろう者だが、現在の監督は聴者であり、選手とのコミュニケーションを長松さんが担う。代表チームの通訳を務めるのは二度目で、最初は、ろう者のオリンピックであるデフリンピックの二〇一七年トルコ大会で優勝した女子バレーボールチームのサブ（副）通訳だった。デフリンピックでは競技団体ごとにメインの通訳者が一人いる。サブの通訳者の有無も扱いも競技によって異なり、バレーボールの場合、サブの通訳者はコートにもベンチにも入れず、選手村の外で待機するのが役目だ。

今は月に一度の男子チームの合宿に加え、遠征や海外視察等のすべてに同行し、通訳する。デフバレーボール協会事務局のスタッフとして契約しているので、代表チームの通訳以外にも協会主催の大会での通訳も行っている。

長松さんが手話に出会ったのは大学時代である。同級生にろう者がいた。それで、手話サークルで活動し、そのろう者の彼からも手話を教わった。また、アルバイト先が学習塾で、教員免許はとらなかったものの、何らかの形でろう者の教育に関わりたいとも思っていた。英語は好きだったし、異言語間のやりとり、翻訳がおもしろかった。長松さんは「通訳の楽しさに目覚めたのは、それが何かを常に更新していく作業だったからだと思う」と語る。

手話通訳をきちんと学ぶために、国立障害者リハビリテーションセンター学院の手話通訳学科に入学する。そこは日本手話の通訳を学ぶところだったが、大学時代に長松さんがサークルで身につけたのは日本語対応手話だった。そのため、最初の一年間はそれまでに持っていた手話の「概念くずし」が必要だった。なんとかそれまで持っていた対応手話をゼロにして、一からやり直したいと思った。しかし、なかなかそれまでの概念を崩すことはできなかった。そこで先生に頼んで特別に宿題を出してもらい、コメントをもらうという方法で、自分のモチベーションを保って勉強を進めた。

国リハ卒業後は地域の社会福祉協議会の手話通訳として正規職員になったために、日常的にはさまざまなコミュニティ通訳を行っている。

試合の結果＝通訳が伝わったか

長松さんは先輩通訳者に誘われてまずボランティアとしてこの道に入った。今では団体のスタッフとして通訳をする立場なので、チームの一員としての信頼関係に基づいてさまざまな提案ができる。基本的には監督と選手の間のコミュニケーションを支えるのが仕事である。チームにはコーチやトレーナー、その他のスタッフもいるが、一番優先させるのは監督が伝えたいことを選手に伝えることである。他の競技では監督がろう者の場合もあるが、監督が聴者の場合には必ず通訳は必要になる。

デフリンピックでは試合の際には補聴器はつけてはならない。練習中はつけている選手もいるし、口話中心で手話が堪能でない選手もいる。しかし、本番のコートの中ではすべての選手が聞こえないので、手話でなくても何らかのサインを使って選手同士はコミュニケーションを取らなくてはならない。そのために選手同士がコミュニケーションの方法を見つけていくことをサポートする必要もある。

今の男子の日本代表チームは新しいチームである。二〇一七年のデフリンピックが終わってすぐに四年後の大会に向けて結成された。優勝した女子チームのコーチだった村井貴行氏が男子の監督に就任し、そのタイミングで長松さんは男子チームのメインの手話通訳者になった。ボランティアの時代から数えると今はバレーボールの通訳として五年目になる。基本的には常に監督のそばにいて、監督専属の通訳のような形で監督の指示等を通訳するが、チームには他の聴者のスタッフもいる。選手は通訳が必要なことが発生すると、その都度長松さんを呼びに来ることになる。一度に二か所で通訳はできないので、片方に待ってもらうことになるが、次々に切れ目なく呼ばれることもある。

練習の場合だと、監督との事前の打ち合わせはそれほど時間をとってすることはなく、その日の練習の流れを確認する程度で済ませる。というのも、練習の冒頭でその日の選手たちの様子を見ながら練習のメニューを変えたりするからだ。このチームはまだ選手も選抜段階のため

練習試合中も、コート脇で指示を飛ばす村井監督（右）と長松さん（左）

固定しておらず、キャプテンも決まっておらず、合宿ごとにキャプテンを指名したりして監督は様子を見ている。選手の年齢層も幅が広く、最年少は高校生、最年長は監督と同じ三十代半ばである。通訳する際には、監督の意図をどのように伝えるのかに常に注意を払っている。だれのことなのか、どのプレーのことなのかを明確に伝えなくてはならない。もともと長松さんはバレーボールをやっていたわけではないので、教本を買って勉強をしたりはしたが、バレーボールに関してわからないことはすべてまず監督に聞く。そしてその際には専門用語として特定の単語が必要なのか、意味を伝えればよいのか確認する。

どういう通訳をするかの判断基準は選手と監督間の意思疎通がすべてである。お互いの意図がうまく伝われば、結果が出る。監督の指導の内容がきちんと伝われば、それが試合に生かされ、結果が出る、すなわち試合に勝てる。それではじめてよかったと思える。結果が出なければその選択肢はさっさと捨てるが、「あー、通訳がダメだったのかな」と落ち込むこともある。

チームに自分も主体的に関わっていく必要がある。自分の通訳の質次第で、結果を上げることにも下げることにもつながるのだ。

中立な通訳者ではいられない

二回目の「概念くずし」はチーム専属のスタッフとしての通訳の役割を巡って起きた。それは今までは通訳者として中立的な立ち位置を保つことだったのが、チーム内のコミュニケーションを円滑にするためのブレーンとしての仕事をするということへの転換である。

基本的に試合中の監督からの指示はタイムアウトの時か、セットの間でしか伝えることはできない。なので練習試合であっても、タイムアウトや得点時のインターバルにしか通訳をしないと長松さんは決めている。そもそも通訳者はベンチの一列目に座ることができないので、フロアに降りるまでにも余計に時間がかかる。そんな短い時間内に指示を伝えるためには例示は避けてもらう。たとえば、ブロックの練習をした際に、厚手の白いマットを壁に立てかけて、「はじめは「塗壁」のように厚いと思っていたものでも、攻撃を繰り返すうちにだんだん薄くなって「一反木綿」のようになる」と妖怪のキャラクターでたとえた説明があった。長松さんは即座に「その説明は厳しいです」と監督に伝えた。監督には夜のミーティングの際や移動中にそのような問題点を伝えるようにしている。多くの場合、やって見せてもらうことが肝要だと言う。「監督から自分に注文が出るというよりは、自分（通訳者側）からのリクエストの方が多いです」という状態だそうだ。通訳者がこうした判断をするというのは「中立な立場」という概念では考えられない。チームのスタッフとして、コミュニケーションのブレーンとしての通訳だからこその関わり方だろう。

手話に関してわからないことは選手たちに聞く。選手たちは日本全国から集まってきているので、地域によって手話が違うことも多い。「練習」という基本的な手話からして違う場合がある。「練習」と「必要」が同じ形をしている地域もある。「練習が必要」と言いたい時はどうするのかと聞いたら、「同じ手話を二度繰り返すんだ」と言われたそうだ。選手同士の意思疎通は選手たちに任せている。選手たちの連携方法は個人個人で異なる。トスの高さなどのサインは選手同士が工夫して決めているが、通じていない時には、監督に「あれ、通じていないです」と知らせることにしている。実際に練習試合を見ていた時に、二人の選手がボールを受けようとしてぶつかってしまった。このような場合は、事前の決まりごとがなかったことが問題だそうだ。自分が取りに行くという意思表示をどう表すかというような約束事を事前に決めておいて、それを見定めるためにアイコンタクトをとる。それは選手が決めることである。

現時点ではまだ選手間のコミュニケーション方法はまちまちなので、ワイヤレスマイクを監督に着けてもらって、音声を文字化する方法を使ってみようかと思っているそうだ。チームに合った情報保障体制を見つけ出していくのも重要な仕事の一つである。日々方法を更新していく、これも「概念くずし」かもしれない。

長松さんは聴者のスタッフから相談を受けることもあるし、ろう者から監督のやり方に対するコメントがでることもある。いずれにしても、チームの一体感を上げるために自分も主体的に関わっていくことが大切だ。スタッフの食事会などはできるかぎり出席するようにしているし、監督も最年少スタッフの長松さんのことを気にかけてくれている。「人間関係の橋渡しをする役目を担っているのだなと感じている」と長松さんは言う。

合宿などでは目が覚めてから夜自室に戻るまでのすべての時間が通訳であり、常に気を張っている。選手にとっての休憩時間も通訳者にとっては逆にさまざまな通訳依頼が入ってしまい休み時間にはならない。交代要員がいない一人だけの通訳だから、体調を崩したりして穴をあけることはできない。風邪のはやる季節などは特に注意している。

ミーティングで村井監督の通訳をする長松さん

デフスポーツはまだまだ伸びる

　デフスポーツにおける通訳者の役割は必ずしも社会的に認知されているわけではない。また、ひとくくりに聴覚障害者といってもコミュニケーションの方法が違うことも知られていない。コミュニケーション方法が違うということは必要な情報保障の方法もまた異なるということである。それを知ったうえで、「どんな時でもコミュニケーション」がとれ、監督が言っていることへの理解を深めることが、長松さんが練習の中でめざしていることである。

　長松さん自身は手話通訳をする前は人見知りな性格だったという。仲良くなってしまえば大丈夫なのだが、慣れるまではなかなか大変だった。しかし、自分が閉じていると、相手も話せないので、挨拶だけでも自分から声をかけるようにした。なぜなら、手話通訳者は「資料がほしい」「情報がほしい」存在で、それは言わなければ手に入らないからである。

　デフスポーツをやっている選手たちには聴者の方が技術的に上だと思っている人がいる。聴者の学校の方が規模が大きいし、先輩の元選手やコーチを呼んでこられる可能性も高い。そのような環境の差があるので聴者の方が有利だと思われているのだ。しかし、最初からあきらめてほしくはない、と長松さんは言う。聴者の監督やコーチとも通訳がいれば意思疎通ができる。また手話通訳の方も自分がスポーツをやっていなかったからといって、スポーツ関係の手話通訳を避けないでほしい。

ふだんは地域の社会福祉協議会でコミュニティ通訳をしている長松さんに、コミュニティ通訳とスポーツ通訳のどちらが楽しいか聞いてみた。答えはどちらもやりがいのある仕事だが、スポーツ通訳の方が結果がシビアに出てくる、ということだった。デフバレーの日本代表チームの手話通訳者としての目標は次のデフリンピックでメダルを取るということである。前回のトルコ大会の七位以上が最低ラインだ。その時になれば、結果ははっきり目に見える。二〇二一年のデフリンピックの前には、二〇二〇年の世界選手権がある。十二～十四人の選手、監督、コーチ、トレーナーおよびスタッフ数人の約二十人の選手団の中に、手話通訳者として長松さんも加わることになる。応援しています！

Column

デフリンピックとは

デフリンピックとは四年に一度開催されるろう者のための国際的なスポーツ大会で、夏の大会、冬の大会がある。二〇一七年夏のトルコ大会には、八十六カ国から二八五九人の選手が参加し、日本からは一七七人の選手団が参加し、二十七個のメダルを獲得した。

デフリンピックは一九二四年にパリではじめて開催された。パラリンピックが負傷した兵士のリハビリテーションを目的に一九四八年に始まったのと比べても、長い歴史を有している。

参加資格があるのは補聴器等を用いない状態で、聴力損失が五十五デシベルを超えている聴覚障害者で、一定の出場条件（記録、順位などを含む）を満たした者である。聴力損失以外、パラリンピックのような障害の種類や程度によるクラス分けはない。競技場では、選手間の聞こえの公平性を確保するため、補聴器等の使用は禁じられている。

デフリンピックの運営組織である国際ろう者スポーツ委員会は、国際パラリンピック委員会の一九八九年の発足当時には加盟していたが、手話通訳費用の負担やデフリンピックとパラリンピックの開催年次のずれ等の問題があり、一九九五年に離脱した。その結果、ろう者のスポーツ選手はオリンピックには出場可能であるが、パラリンピックには出場できない。

デフリンピックでは手話を用いたコミュニケーションが用いられるが、監督やコーチの多くは聴者であり、そこで手話通訳が必要とされる。また、大会参加時に国際手話や英語に堪能な日本人の手話通訳者を得ることは容易ではない。新聞報道等は増えてきているが、依然としてデフリンピックは知名度が低い。そのためにスポンサーも見つけにくく、得られる寄付の額も多くはない。今後の知名度の向上とろう者のスポーツ選手の活躍に期待したい。（岡典栄）

放送通訳

ろう者の目線で報道を

対談

小《お》野《の》広《こう》祐《すけ》さん×野《の》口《ぐち》岳《たけ》史《し》さん

日々のニュースを手話で伝える番組は少ない。それだけに一九九〇年に放送を開始し、毎日のニュースを伝えるNHKの手話ニュースの役割は大きい。そして、日本語原稿を手話に翻訳するキャスターの責任も大きい。ろうのキャスター二人に日々の工夫や今後の展望を話してもらった。（聞き手・木村晴美）

――まずは自己紹介からお願いします。

小野　小野広祐です。サインネームではこのようにやります（口の端に親指と人差し指で丸を作る）。よろしくお願いします。明晴学園小学部五・六年生担任、児童発達支援事業所・明晴プレスクールめだかの管理者、毎週水曜日にNHK手話ニュース845のキャスターを担当しています。木村さんにオファーをいただき、二〇〇五年から出演して十四年が経ちました。あっという間ですね。

野口　野口岳史です。サインネームは目の下のほくろを指します。国立障害者リハビリテーションセンター学院手話通訳学科の教官、手話ニュース845の毎週月曜日を担当しています。二〇一一年四月、キャスターの戸田康之さんに誘われたのがきっかけで始めました。彼はろう学校の教員で、私もろうの生徒に教えたいと思っていたという縁があり、こども手話ウイークリーの枠が空いていると聞き応募したのですが、手話ニュース845のキャスターとして採用されました。三・一一の震災の直後に入ったので、最初の出演の現場は大混乱、ぼう然と立ち尽くすだけでした。半年

NHKの手話ニュースの番組

日々のニュースを伝える「手話ニュース」「手話ニュース845」に加えて、一週間のニュースをコンパクトに伝える「週間手話ニュース」、小・中学生を対象にし、わかりやすく内容をまとめた「こども手話ウイークリー」がある。「こども手話ウイークリー」以外は生放送。キャスターが手話で内容を伝えるのをメインに、字幕、音声アナウンスでも同じ内容が伝えられる構成になっている。

ほどでようやく通常に戻り、これが普段の状態なのだと知りました。その反省もあって、ディレクターが事前研修を設けた方がいいのではないかと考え、その後取り入れてくれました。

小野　手話ができるからってすぐにキャスターになるのは無理です。技術も必要かと。しかしいきなり教えてくださいと言われても、何をどう教えたらよいかもわからないですよね。そこでさまざまな表現のスキルを木村さんなどから盗みました。専門用語を手話でどう表現するのか、あらかじめ翻訳しておかないと伝わらない。

――手話への翻訳の仕方はどのような工夫をしていますか。

野口　始めたばかりの頃は、原稿に頑張ってたくさん書き込みました。しかし準備をしすぎると、本番で突然出される新しい原稿に対応できませんでした。その後書き込む量を減らし、そのうち元原稿は変えないでそのままにし、頭の中で組み合わせるようになりましたね。

小野　たとえば天気のニュースで、「○○辺りも雨が予測されています」というと、ここだけではなくこちらも、と表さないと手

「手話ニュース845」キャスターのスケジュール

18：30～19：00
NHKに到着、着替え、メークを済ませる

19：30～
番組スタッフが作成した原稿を確認、翻訳表現をチェックする

20：15～
リハーサル

20：45～
本番（生放送）

21：00～
反省会、放送内容のチェック後、解散

話としては物足りない感じになるので、念頭において表現します。

野口　完璧に準備してしまうと、突然の変更に対応できないのではと思います。

小野　三・一一の震災では緊急放送もあり、その場で直前に原稿を出されるため、事前に調べることはできませんでした。原発から〈白い煙が出て、爆発する音が聞こえました〉となんとなく表現しましたが、当時は知識がないのと普段の生活とあまりにもかけ離れた内容だったので、まったくピンと来ませんでした。津波が原因で温度調節器が壊れ、温度が上がってしまい爆発してしまった、という流れを想定できればよかったのですが。やはり事前勉強で背景知識を知ることは大切ですよね。

自分で言うのもなんですが国会マニアなんです。政治のニュースであれば瞬時に「今は特別国会が行われています」という原稿に対して「通常国会は終わっていますが」のように補足して表現することができると思います。しかしいまだに原発はあまり得意ではないので、機転を効かせた翻訳は難しいところもあります。

背景をつかみ、手話翻訳に生かす

野口　出演した当初は木村さんと組むことが多かったのですが、小野さんと組んだ時にＣＬ表現が足りないと指摘を受けたことを今でも鮮明に覚えています。どういう意味なのだろうと悩んだのですが、日本語に引きずられて日本語的な手話表現になっていたと気づきました。よく考えたら、ふだんの生活の中で日本語の文章を手話に翻訳する機会はあまりないですよね。日本語で本を読む、書く、手話で話すというのが日常ですが、それぞれを照らし合わせる作業の経験がないので、そういう難しさがあります。

小野　原稿にある日本語の文に合わせた手話表現にしてしまうと、日本語の語順どおりの手話になってしまい、見ている人には手話としてすんなりは伝わらないので、一度日本語を捨てる必要があるのです。そのような鍛錬は、一年、いや、二、三年…十年経ってやっと落ち着いてきたように思います。

野口　手話単語はどうやって覚えたのと聞かれることが多いのですが、実際には新しい手話単語を表出するのではなく、生活の中で身につけた既知の範囲から構築して表現します。今、頭を抱えているのが「事故」という表現です。手話では、〈事故〉〈交通事故のような時に使う「事故」〉と表しますが、「医療事故」を単に〈手術／事故〉と表現すると、日本語に準じた表現となり、伝わらないこともあります。小野さんの言うとおり、背景をつかむことが大切ですよね。

小野　そうそう覚えている？　ベトナムで開かれた米朝首脳会談のニュースで、キム・ジョンウン氏が航空機で移動したと勝手に思い込んで表現してしまったことがあったよね。北朝鮮は世界でも珍しい電車移動が原則の国。日本語では移動方法を特に明示する必要はないけれど、手話ではそういかない。なので私は自分の目で映像を確認することを心がけています。
逆に、空間を活用できる日本手話だからこそ、情報を整理しやすくなるというメリットもあります。安倍首相はここ、アメリカはここ、といったような空間の位置を最初から設定する。位置、空間、指差しなどを有効に活用すれば、より一層伝わりやすいのです。

野口　私がいつも心がけているのは「シンプル」ということ。簡単にまとめる、ということではありません。無駄のないシンプルな手話表現を心がけています。全体的な流れを理解しやすいよう次の文につなげるための手話表現を意識しつつ、シンプルになるよう気をつけています。

小野　出演して二、三年目頃までは「〜完了（文末表現：パ）」「〜だから」といった無駄な手話が多く、単調な印象を与えてしまったように思います。野口さんの話し方は本当にシンプル。その方が視聴者にとっては見やすく、安心感をもたらしているのではないかと。補足説明も大切ですが多すぎると内容が伝わりにくくなります。

——キャスター間での手話のすり合わせ等はどうしているのですか。

小野　二か月に一回、検討会を開催し、キャスター全員が参加します。よく使われている手話表現の統一について、報告や確認・協議を行っています。

野口　ＮＨＫ側としては、視聴者が新しい手話を見てわからないというような状況は避けたいので、新しい手話の使用は控えるようにします。

小野　たとえば震災直後、〈原発事故〉の手話は人それぞれ違っていました。時間が経つにつれてある程度統一されるようになり、統一された〈原発事故〉の手話を使うようになりました。NHKは新しい手話を発信する場でありません。日常的に使う手話でニュースを伝える役割であり、新しい手話を覚えてもらうわけではありません。

新しい元号の手話表現はどうなっているの？　指文字？　相談して決めるみたいね？　四月一日の担当は野口くん！

野口　ああ、恐ろしい。書かれたものを指差すとか、何とかごまかすしかないな。

＊この対談が行われたのは二〇一九年三月。四月一日に平成に代わる新元号が発表されることになっていた。全国手話研修センターによる、新元号「令和」の手話の発表が翌二日と判明したため、一日の放送は誤解のないように指文字を表出して、テロップを指した。

「手話ニュースはだれのためにあるのか」を考えて

――ろうのキャスターが増えたのはどんな理由からですか。

小野　放送開始当時のキャスターは六名でしたが、ろう者はいなくて全員聴者でした。その後、木村さんがろう者としてはじめてキャスターに採用されました。那須英彰さん、河合祐三子さんと続いてその次が私。当時のディレクターは「ろう者キャスターだけのペアだと聴者スタッフとのコミュニケーションが取れない。緊急放送が出た場合、どうやって対応するのかが問題」という認識をもっていた。ある日、聴者のキャスターが出演できなくなり、私ともう一人のろうキャスターで組んではじめて放送したのですが、まったく問題なかった。スタッフの方々も「なんの問題もなかったですね」と。それを機にろう者のキャスターが増えました。

野口　現在のキャスターはろう者が十一名、聴者が一名で構成されています。

小野　ニュース原稿の読み上げはアナウンサーが行います。私が入った頃の聴者キャスターは、声を出しながら手話で話していました。その名残でスタジオの天井に使っていないマイクが吊るされています。当時、私はディレクターに、ろう視聴者の中には声を出しながらの手話はよくわからない、という不満があることを伝えたいと思いました。まずは手話で会話できるように手話を丁寧に教えて、手話が上達した頃に「何のために声を出しているのか、日本手話とは何か」と根気強く説明しました。だんだんと理解してくれたディレクターはろう視聴者にニュースが伝わりやすいように声を出さずに手話をする演出に切り替えました。二〇〇八年頃かな。反対する人もいましたが、今は当たり前になっています。スタッフにも手話は言語だという認識が共有されていきましたね。昔は手話ニュースを見ないろう者が多かったのですが、今はおかげで子どもも見るようになりました。日本語がわかる難聴者だと、普段のニュースでも字幕が付いていれば理解できる。しかし、手話で理解するろう者にとっては声付き手話ではよくわからなかったのではないでしょうか。そんな人々のために、そもそも手話ニュースがあるのだと思います。

野口　確かにそうですね。

――取り上げる話題の基準についてはどうですか。

小野　知りたいと思うニュースがろう者と聴者とでは違います。たとえば「障害年金が半分になった」というニュースがあったら、ろう者にとってはおおごとですが、聴者にとっては重要性が低いんですよね。逆にろう者にはいらないかなと思ったら、取り下げてもらうこともあります。紅白歌合戦なんかろう者は関心がないでしょうと思われがちですが、そんなことはない、意外と興味のある方もいらっしゃるんだからと、取り上げるよう働きかけたこともありました。

野口　私の頃からは、ろうに関連する内容を取り上げるようになりました。ろうコミュニティのイベントを番組スタッフが取材するなど、積極的に扱うようになりました。世間の出来事やろう者の様子に関心を寄せてもらえたらと思って。ろう者からも評判がよかったですよね。

小野　はじめて取材が入ったのはなんと明晴学園開校でした。手話ニューススタッフが学校まで赴いてくれたのですが、番組スタッフがろうの両親にマイクを差し出してしまい、もう一人のスタッフが思わずマイクを持った手を思いっきり押さえたということもありました。ろう者に取材するのははじめての経験で、ろう者に合った取材方法を知らなかったのですね。

自ら取材し、意見を述べる記者を目指して

――今後取り組みたいテーマはありますか。

野口　一つ上司に冗談で話したことがあります。個人的な趣味もありますが、サッカー関連です。ブラジルワールドカップの時に「今から手話を表現しますので、選手も一緒に手話でお願いします」と求める場面がありました。私は選手に手話で表してもらうのではなく、記者会見にろう記者として出席し、手話で発言できたらと。手話通訳をつけるかはわかりませんが。手話ニュースキャスターだと野口岳史という自分自身を捨てなければなりません。自分の名前で出て、意見を述べ、周りから批判されるキャスターと同様に活躍できるような、ろう者キャスターが出てきてほしいなと思っています。それをどなたか引き受けてくれないかな。サッカー専門なら私がぜひ引き受けたいです。

小野　以前はこども手話ウイークリーで取材がありましたが、今はなくなってしまってもったいないなと思います。本来ならろう者の見方や考えに基づいた内容にするために、聴者が考えたものを訳すのではなく、最初からろう者が原稿を考えるべきだと思います。

野口　記者をろう者にすれば、原稿の手話翻訳の負担がかなり軽くなりますし、現場の情報を手話をベースにした日本語で原稿を書いてもらえれば、表現しやすくなると思います。聴者だ

と、どうしても日本語に引っ張られます。ろう者にやってもらった方が、意味もつかみやすくスムーズに表現できるのでは。

——手話ニュースキャスターとしてどんなやりがいを感じていますか。

野口　全国ろうあ高齢者大会へ参加する機会があったのですが、そこでろうの高齢者から「いつも見ています。ありがとう」とお礼を言われ、この人達にとって自分が必要不可欠なのだと思いました。「わかりやすい手話で、非常に助かる」、この言葉を励みに、頑張ろうとやりがいを感じています。

小野　明晴学園の卒業生が手話ニュースキャスターとして出演するのが自分の夢ですね。普段の生活の中でも、ニュースから得た情報を手話で伝える機会がありますよね。それですよ。ろう者も、自分の中で理解して終わってしまうことが多く、手話で表現する場が足りていないと思います。明晴学園では手話科という手話の学習言語を学ぶ科目があります。手話で話す力、つまり話す内容を整理し、組み合わせる力が養われます。他のろう学校ではそういう授業がないので、卒業後に磨いていく必要がありますが、幼い時から身に付けていった方が滑らかにこなせるのではないかと。私は親が聴者なのですが、手話で順序立てて説明する力は、明晴学園の活動の中で培われてきました。親がろう者、聴者に関わらず、環境が整っていればだれでもできるようになると思っています。学習言語を磨ける場を作ってほしいなと。

野口　私はやはりろう者が鍵だと思います。手話通訳者の不足など、もちろん聴者が頑張らないといけない部分もあるのですが、ろう通訳や手話通訳の指導などの経験があるろう者がいるかいないかで大きく左右されると感じたからです。聴者のことや日本語の特性を理解した上で、どうしたらいいか、ともに考えようとする姿勢が、信頼関係につながりますね。そのようなことができるろう者が大きな鍵だと言えます。学術的に手話を説明できる人が中核で動いているとやはり違ってきます。

小野　手話ニュースがロールモデルの一つとして成功していると言えるのかな。ろう者で活躍する人が増えてきましたし、ろう児たちが、ああいうふうになりたいなと憧れられるような社会になってきましたね。エンパワーメントの一つなのだと思います。

ろう通訳

母語の手話をプロフェッショナルに生かす

川上《かわかみ》　恵《めぐみ》さん

母語が手話のろう者だからわかる細かなニュアンスや表現がある。通訳の知識をもつろう者と聴者がタッグを組むと、通訳の質はぐっと変わる。日本での認知度はまだ低いが、ろうの通訳者の時代が来つつある。

川上さんは、日本でただひとり、ろうとして「通訳士」の資格を持っている。正確にいえば全米手話通訳者登録協会（RID = Registry of Interpreters for the Deaf）が認定している通訳資格のひとつCDI（Certified Deaf Interpreter）を有している。CDIは、「ろう通訳士」とでもいえる。日本の手話通訳の資格は、厚生労働大臣公認の手話通訳技能認定試験（手話通訳士）と社会福祉法人全国手話研修センターによる手話通訳者全国統一試験の二つだが、いずれもろう者は受験対象ではない。川上さんは海のむこうで通訳の資格をとり、現在は、沖縄聴覚障害者情報センターで通訳養成、派遣コーディネートを行う傍ら自らも通訳として現場に赴いている。

川上さんは、はじめから通訳になることをめざしていたわけではない。ろうの親から生まれ、姉もろうの川上さんは、ろう学校の幼稚部に通ったが、小学校からインテグレーション（聞こえない子どもが地域の学校で聞こえる子どもと一緒に教育を受けること）し、短大まで進んだ。銀行に就職し、地元では聴覚障害者協会の役員をするなどアクティブに活動していたが、どこかで物足りなさを感じていた。心機一転しようと決心し、選んだのが以前から憧れていた語学留学だった。川上さんがこのとき考えた語学とは、ＡＳＬ（アメリカ手話）である。もちろん英語も学ぶつもりでいたが、まずＡＳＬを身につけようと、アメリカのコミュニティカレッジに入学した。クラスのなかでろう者は自分ひとりだけだったが、学校が用意した手話通訳者のおかげでクラスはとても楽しく、自分に自信が持てた。その手話通訳者は、ギャローデット大学大学院手話通訳修士課程の卒業生で、通訳としての態度はもちろん、通訳のスキル、川上さんの学習へのフォローの方法も自然で申し分なかった。そんな通訳者に幸運にも出会った川上さんは考えた。どの国でも手話通訳者がいなければ、大学で学びたくても学べない。入学しても、授業の内容がまったくわからず、落ちこぼれという事態になりかねない。事実、短大までの自分の成績はとてもよいものとは言えなかった。半年ほどの語学研修を終えた川上さんは、もっと勉強したいという欲求が出てきたという。これも手話通訳のおかげだ。

一方で、けっして優等生でないと自覚している自分が米国の大学に進学できるとは思えなかったそうだ。けれども、大学で学びたい！　その気持ちが勝ち、日本財団の留学制度に思いきって応募、選考にパスして、米国の大学への進学を果たすことになった。まず、カリフォルニアにあるオーロニ大学に進学し、ワシントンD.C.にあるギャローデット大学に編入した。オーロニ大学は、ろう・難聴学生が多いことで知られており、ギャローデット大学はろう者・難聴者に特化した歴史のある総合大学である。ろうの留学生も多い。学部では、ろう者学を専攻し、同大学院では、手話通訳修士課程に入った。

専門知識を求めるうちめざした「ろう通訳士」

インテグレーションした川上さんは、短大まで進んだものの通訳がいないため先生が何を話しているのかわからず、勉強もおざなりなものになっていた。しかし大学院では、クラスメートのほとんどが聴者で（ギャローデット大学の大学院は聴者の入学を認めている）、先生も聴者だったが、授業もそれ以外の会話も、すべてＡＳＬで行われた。とにかく勉強が楽しかった。しかし、大変だった。朝から夜遅くまで大学で過ごし、アパートと図書館と教室を行き来するだけの生活だった。母語ではないＡＳＬや英語でレポートを出すのには人の数倍時間がかかった。ＡＳＬでレポートを出す時は、ビデオ編集だけで一日がつぶれることがたびたびあった。いつも余裕がない川上さんを気づかって食事等の心配もしてくれた学窓仲間の存在は大きい。

川上さんが手話通訳の道に進もうと決めた大きなきっかけは、意外やアフリカのケニアで、である。ギャローデット大学では、夏休みにいろいろな国で自主的に実習（インターン）することを勧めている。学部の時に川上さんも先輩について、ケニアのろうあ連盟事務所で一か月ほどインターンすることになった。そのインターン中、ある説明会のために連盟の理事たちと一緒に各地方に移動した。その参加者の中にケニアの盲ろう女性がいた。しかし、通訳者が来ていなかったため自ら志願しボランティアで通訳をした。弱視のため、覚えたてのケニア手話で盲ろう女性の見え方に合わせて少し離れて手話を表す。いわゆる接近手話である。ケニア手話は、ＡＳＬと似ているところがあったから、自分の拙いケニア手話でも彼女は十分にわかってくれたようで、説明会の最後に彼女が発表した意見が当を得たものであったことに、自分の拙い通訳内容が彼女にきちんと伝わっていたことにとても感激した。そのおかげで通訳の醍醐味を少し味わったという。その小さいけれども貴重な経験が川上さんの将来につながっていくのだ。

川上さんはもともとは手話通訳養成の方に関心があったという。というのも、沖縄の聴覚障害者協会で手話通訳者養成講座の講師を担当したことがあったが、専門的知識が自分にないため、行き詰まりを感じていたのだ。通訳養成の講師をするのなら、大学院で通訳について専門的に学び、自分も通訳現場の経験を積むことで、通訳養成、指導がうまくできるようになるのではないかと考えたという。

しかし、大学院で学ぶ間に、ろう通訳者として働いてみたいという思いが次第に強くなり、通訳資格の試験にチャレンジした。最初の試験ではパスできなかったが、大学院を修了後、手話通訳派遣エージェントで一年間ほど、受付アルバイトをしながら、通訳の経験を積んだ。そして帰国前に二回目の試験に挑戦、合格通知は沖縄で受け取った。二〇一五年二月のことであった。日本で「ろう通訳士」が誕生した瞬間である。

振り返ってみれば、通訳の原体験は沖縄にあったのかもしれないという。高校生のとき、日系ペルー人の同級生がいた。彼女は日本語が少し話せたので、スペイン語しか話せない親のためにスペイン語に通訳したりしていた。一方で、日本語の読み書きはまだ十分でなかったため、川上さんが日本語でわかりやすく説明したり、漢字の読み書きを教えるなどフォローしていた。また、川上さんが授業中に先生が言っていることがわからず困っていた場合は、彼女から教えてもらうなどお互いに助け合っていた。言語等の壁でろうコミュニティと日系人コミュニティに共通点があることがわかり、自分に重なって見えた。その経験も、のちのコミュニティ通訳のベースになっている。

いちばん神経を使うのはファーストコンタクト

川上さんの現在の業務である通訳も通訳コーディネートも、ろう者自身が行うのは日本では非常に珍しい。聞こえる手話通訳者が行うのが一般的だ。しかし、職場の理解もあり、ろう者が通訳を担うことの重要性を認識してもらえているから、いまの仕事ができていると川上さんは言う。

川上さんの出番は各市の手話通訳派遣担当部門から、ろう通訳に来てもらいたいという要請を受けるか、センターでろう通訳が入ったほうがよいと判断した時のいずれかである。通訳は聴手話通訳者と組んで行う。聴通訳者では意思疎通が困難な場合に、ろう者が間に入って通訳するのだ。沖縄には、川上さん以外にも通訳を担うろう者が数人いる。そのコーディネートも川上さんはするし、自分が通訳現場に行くこともある。

通訳をしていてよかったと思うのは、通訳を必要とする利用者相互のコミュニケーションがうまくいき、通訳の目的が達せられた時だという。そのために、事前に聴通訳者と丹念に打ち合わせをし、それぞれが持っている力を出すことが大事だ。だが、通訳現場では、想定外のことに迅速に対応する力が必要だ。何が求められ、どうすれば適切か判断し、通訳する。協働する聴通訳者と話し合ってその場でベストと思われることを決め、実行に移す。それら一連の判断は速やかに行わなければならない。

通訳をするうえでいちばん大切なのは、通訳利用者から信頼されることだという。ろう通訳が入る場合、通訳コーディネーターが事前に利用者に話し、許諾を得る。ろう通訳が入ることを嫌がる人もいるので、利用者の気持ちを尊重したい。だが、家族からの要請だったり、派遣コーディネーターの判断で利用者本人の許諾なしにろう通訳が入る時は、非常に緊張するという。けれども、そんなことはおくびにも出さず、まず利用者に自分の顔を見てもらって、自分がろう者であり、同時に通訳でもあることを告げ、不安を与えないようにしながら、自分が入る理由を必要な時は説明し、許可を得るのだ。ファーストコンタクトがいちばん神経を使う瞬間になる。たいていの利用者は最初こそは驚くけれど、受け入れてくれるのがほとんどだそうだ。そうなればあとはスムーズにいく。だから、ファーストコンタクトで相手を見て、どう話しかけるか、どんな話し方がいいのか、どう話せばわかってくれるのか、瞬時に判断し、行動に移さなければならない。それが大変だが、だからこそ、通訳がうまくいったら伝わったという相手の安堵した顔を見て胸をなでおろし、この仕事をしていて良かったと思う。

逆に失敗も当然ある。通訳がうまくできず、クレームを受けたり通訳を拒否されたりした経験がある。その時は落ち込んだが、自分の何が悪かったのかと、態度やスキルなどを自己検証することも大事だと頭を切り替えた。そうした経験も、次につながるようにという考えだ。

聴通訳者も、通訳終了後、川上さんが入って良かったと言ってくれる。難しい通訳ケースをひとりで対応していていっぱいいっぱいのところに、ろう通訳者が入ることですんなり意思疎通ができ、通訳の目的を果たすことができたと、ろう通訳者との協働のメリットを十分に理解している。はるかに通訳しやすくなり、精神的にも楽になったそうだ。ろう通訳が入ることで通訳現場に行く回数も減り、結果的に通訳費用もかさばらないということもわかってきている。

手話で会話する機会が年に数回しかないという利用者もいる。ろう通訳者が入った時は、利用者にとっては手話でおもいきり話ができる機会なので、饒舌《じょうぜつ》になりがちだ。そんなときは通訳者として必要な情報を引き出し、ポイントをしぼって通訳するようにしている。

川上さんは、本業のコミュニティ通訳の仕事をしながら、会議通訳等の仕事もしている。WASLI（World Association of Sign Language Interpreters 世界手話通訳者協会）や、CIT

（Conference of Interpreter Trainers 全米手話通訳養成者会議）のような国際レベルの会議の通訳だ。国際会議では、ＡＳＬもしくはＩＳ（国際手話）から日本手話へ、またはその逆の通訳もある。この仕事では現地の通訳チームと一緒に仕事をする。彼らとの仕事はとても刺激的だ。ろう、聴を問わずプロフェッショナルと自認している通訳者の洗練された無駄のない通訳としての動き、適切なフォローの仕方、フロアにいる通訳利用者への確認、気配り等、彼らから学ぶことは多いという。

川上さんがいちばん尊敬している人は、ＳＷさんことスティーブン・ウォーカーさんだ。ＳＷというのはサインネームだ。ＳＷさんは、ギャローデット大学院時代、一年ほどメンターをしてくれた。通訳スキルがとてもすばらしく、人格も優れていた。ろうも聴も含めたコミュニティ、そして仲間の手話通訳者や利用者も大事に考え、常に気づかっている。通訳中にヘルプが必要な時にとっさにサポートしてくれる。通訳者としてどうコミュニティと関わっていくかをいつも自問していた。ＳＷさんを近くで見て、自分も手話通訳のあり方や、ろうコミュニティを大事にしながら、通訳者として大局的にどうふるまうべきか考える機会になったという。困った時に頼れる叔父のような存在だ。

人と人をつなぐアカウンタビリティ

　聴者とろう者が通訳として協働しようというのが、世界的な潮流になっていると川上さんは指摘する。現在、米国にはＣＤＩ（ろう通訳士）が約二三〇人いるし、ヨーロッパでは、ろう通訳者を派遣する通訳エージェントがいくつかあり、ドイツのハンブルク大学でもろう通訳養成コースが設置された。アジアでも、タイではろう者を通訳として登録したり、韓国では、ろう通訳になるための試験が始まったり、制度が進んでいる。日本にも、ろう通訳者といえる人が何人か活躍しているが、残念ながら制度も整っておらず、社会的にも認知されていない。ろう通訳者は、手話が第一言語であるうえに、ろう者の文化もわかる存在である。その力を通訳の現場で生かせればそれがひいては社会を良くしていくことにもなる。

スティーブン・ウォーカーさん（右）と世界手話通訳者協会のろう通訳者アドバイザー、ナイジェル・ハワード（左）さんとともに

　通訳は専門的、プロフェッショナルな仕事で、人と人をつなぐ仕事であるからには、ろう者も聴者も通訳者として「人間性」を高める必要がある。通訳利用者には実に多様な人がいる。その多様な人に対応できるだけの力が必要だ。さまざまなコミュニケーション手段を持つろう者等に対応できる、柔軟で

開かれた存在になってほしいと思う。また、人と人をつなぐには自分が所属するコミュニティも大事にしてほしい。それは自分の世代だけでなく他の世代も含んだいろいろな人とのつながりを持つということでもある。通訳に携わる人は、自分のいるコミュニティやつなぐ相手のコミュニティをも大事にし、人と人をつなぐ仕事ができるようになってほしい。そして、次の世代へ継承してほしい。

通訳に向いている人は、やはり「ことば」に敏感な人ではないだろうか。新しいことばや事柄に出会うたびにわくわくするような知的好奇心が旺盛な人が向いていると思う、と川上さんはいう。

通訳者は、基本ひとり。だからこそ、通訳をしていて困った時やいきづまった時は、通訳仲間に助けてもらうことも大事だ。ひとりでやろうとせず、できないことは代わってもらったりフォローしてもらったり、お互いに持っている力を補完しあうようなやり方も身につけるべきだ。「それはなぜかって、コミュニケーションしたい人がそこにいるから」と川上さんは力説する。自分で抱え込もうとして、結果的に利用者同士のコミュニケーションがうまくいかなかったら通訳の仕事ができたとはいえない。通訳がうまくいっているかどうか、十分に伝わっているかどうかを知るには、利用者の様子をチェックすることが大事だ。川上さんは、通訳中は常に利用者の反応を見るようにしているという。たとえば国際会議の場合は、休憩等の合間にも、利用者とフィードバックの時間を少しでもとるように努めている。通訳のやり方がまずければ変えるようにして、できるだけ通訳の質を上げるようにしているそうだ。

川上さんは、手話通訳はろう社会のアカウンタビリティを果たす大切な機会として捉えている。アカウンタビリティとは、聞きなれないことばだが、簡潔にいうのならば、社会に対する責任というのだろうか。手話通訳という専門職の責務をきちんと理解し、ろう者コミュニティと手話通訳コミュニティが発展できるように努めるという、重要な役割を持っている。それはろう通訳者も聴通訳者も同じだ。

沖縄の海は、川上さんにとって癒しの場だ。ストレスがたまった時や嫌なことがあった時は、必ず砂浜に出てぶらぶらと歩く。そうするとまた元気になれる。そして、沖縄で、世界で、川上さんはきょうも通訳として東奔西走する。

電話リレーサービス通訳

新技術が産んだ新しい通訳者のあり方

根間隆行《ねまたかゆき》さん

テクノロジーの進歩で通信は大きく変わった。メール、SNSの普及、なにより耳が聞こえない人たちには動画を介した電話が通信手段として現れた。即時性があるこのサービスへの期待は高いが、草創期でもある。通訳者はどんな工夫をしているのだろうか。

羽田空港などで手話フォンと書いてあるブースを見かけたことがあるだろうか。あれは耳が聞こえない人が電話を使えるように、間に通訳者が入って電話による会話を成立させるもので、「電話リレーサービス」と呼ばれる。手話フォンは公衆電話と同じように公共の場に設置されたものだが、スマートフォンなど個人の端末でも同じサービスが利用できる。通訳者は、利用者である聞こえない人とは手話か文字を用いて、電話先の相手とは音声で通訳をする。このサービスは、日本財団が二〇一三年度からモデルプロジェクトとして試験的に実施しているものである。二〇一一年の東日本大震災で被災した聴覚障害者たちのコミュニケーション支援がきっかけだったそうだ。二〇一八年には日本財団のモデルプロジェクトを利用する情報提供施設に対し、厚生労働省が補助金を出すことになり、現在は岡山など十二道府県十二情報提供施設がサービス提供を行っている。また、二〇一九年八月には総務省および厚生労働省が「電話リレーサービスに係るワーキンググループ」報告をとりまとめ、早ければ二〇二一年度に公共インフラとしての運用開始を目指す。*

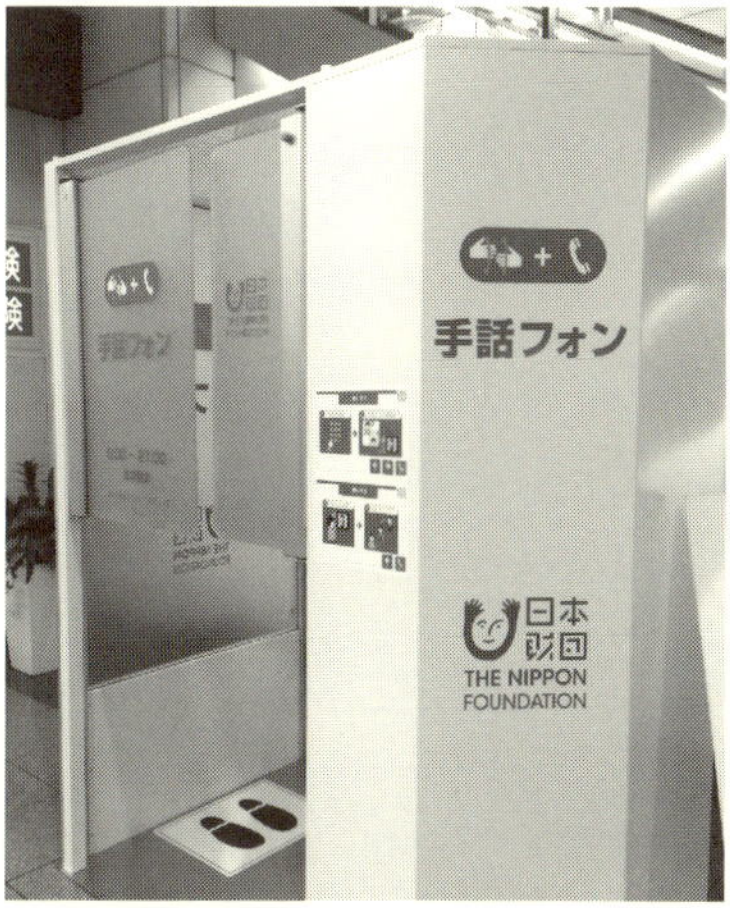

羽田空港に設置された「手話フォン」

使い方は簡単で、必要なのはスマホやタブレットなどカメラを内蔵した通信機器と、日本財団のモデルプロジェクトホームページから事前登録すること。手話や文字を通訳するオペレーターを通じて相手とリアルタイムでやりとりできる。根間さんは、電話リレーサービスが立ち上がったときから通訳として関わっていて、五年の経験がある。

このサービスを担うのは情報提供施設と民間企業で、根間さんが勤務しているのは沖縄聴覚障害者情報センターである。ただし、沖縄の情報提供施設が担当するからといってサービスの利用者が沖縄県内に限定されるわけではない。現在のシステムは自分で希望の通訳組織を選ぶことができる。ある地方の聴覚障害者が京都のホテルを予約しようとしているときに対応しているのは沖縄の通訳者かもしれないのだ。今は東京在住だが、出身は熊本だから熊本の手話に慣れている通訳者がよい、と熊本の情報提供施設に頼むこともできる。

根間さんは職場で電話リレー通訳のほぼ専従で、もう一人の職員と一人の非常勤職員の計三人で担っている。沖縄では手話通訳と文字通訳の担当者は分かれておらず、各人が両方を担う。現在は概ね一か月で六百件から八百件の依頼があるそうだ。つまり一日二十件以上の通訳依頼があるわけだ。一分以内で片付くような荷物の再配達の依頼も多いが、三十分、一時間とかかるものもあるそうだ。電話リレーサービスの特徴は業務で使ってよいことで、そこが福祉のサービスと大きく異なる。地元の自治体に依頼する福祉サービスとしての手話通訳は医療、教育、冠婚葬祭等がその対象で、業務の依頼はできない。しかし、電話リレーサービスを使えば、業務の打ち合わせ、必要な機材の発注等もできる。つまり、聴覚障害者の就労や自営等、その社会・経済活動に大いに貢献できる。

福祉サービスとは異なる工夫を

根間さんは聞こえない両親のもとで、手話で育った。成人してからは東京と沖縄で十年以上ホテルに勤務した。ホテルと言えば典型的なサービス業で、お客様を満足させることが至上命題だ。フロント業務のほか、ホテルの電話オペレーターも経験した。その後、幼少期に母親が手話通訳を使っているのを見て、かっこいいな、とあこがれていたのを思い出し、そろそろ勉強してみるか、と情報センターの手話通訳養成講座に一年間通った。修了するころにろう者の施設長から、今度始まる電話リレーサービスの専従としてやってみないかと声をかけられた。不安はすごくあった。対面ではなく、映像を通じた手話を見て通訳ができるのだろうか、また、文字通訳も担わなくてはならない。

電話リレー通訳になるための資格要件は努力目標が定められているものの、選任については各事業所に任されている。実際、根間さんはまだ手話通訳士試験には合格していない。もともとは福祉に興味がなく、勉強したこともなかったので、手話通訳士試験の学科試験の勉強を始めて「あー、福祉ってこういうものか」と思ったそうだ。

「電話リレーサービスの通訳には、福祉の通訳は求められていないと思う。ただ、単純に通訳してもらいたいだけ」と根間さんは思っている。福祉の通訳の場合は、ろう者に対してさまざまなフォローを行う。相談を受けたり、必要であれば、他の機関につなぐこともある。「これも言った方がいいよ」とか「それ差別だよ」とかの助言を行うこともある。電話リレー通訳にはそれは求められていない。電話リレー通訳はその場限りの仕事だ。伝言は受けない。たとえば、「予約とっといて」という依頼は断る。相手方の留守番電話につながった場合には、「留守番電話になっているけれど、何かメッセージを残しますか」と聞いて、利用者のろう者が残すと言えばそれを読み取って録音には入れておくが、そこまでしかしない。

ただ、ろう者から最初に「四つ言いたいことがある」と言われていたのに、三つまで言って、四つ目を忘れていることに気づくことはある。そういう場合には、指を四本立てて、一本ずつ内容と照合する形にして、一つ忘れていることに気づきやすいようにする。単純なチェックを目的とした作業だが、そういう工夫はする。

電話の文化をどう通訳するか

今でこそ一日二十件以上の依頼があるわけだが、五年前には土日や正月の三が日は電話がゼロ件だったこともあるという（現在沖縄では正月三が日はサービスを提供していない）。
残念ながら、まだ、電話リレーサービスの一般的な認知度は低い。「沖縄聴覚障害者情報センター、電話リレーサービスです。耳の不自由な方から依頼を受け、お電話しております。よろしいでしょうか」と伝えると営業の話だと思われて切られてしまうことも多い。「え、私、手話できませんけど」と言われることもある。そこで切られないように、目的を先に言う、という工夫もしているそうだ。「耳の不自由な方から、予約を取りたいという電話がかかっています」と言って用件を済ませた後で、最後に「沖縄聴覚障害者情報センターの電話リレーサービスでした」と言うのだそうだ。

初期のころには、ろう者からアドヴァイスをもらって、自分の手話が通訳画面の枠からはみ出ないように両腕をあまり体から離さずに通訳するとか、また、読み取りの方ではYouTubeの画質を落として読み取ってみたり、通信状況をわざと断絶させたりして通訳を行う練習をした。実際通信状況が悪すぎる場合には急きょ文字通訳に変更したりすることもあるそうだ。

電話リレーサービスはテクノロジーの進化とともに生まれた新しい通訳の形だ。電話リレーサービスを使うためにはじめてスマホやパソコンを買った人もいる。今まで耳が聞こえない人は電話を使った経験を持たない。電話の一連の流れなどを知らない。相手の電話を呼び出していて、呼び出し音が鳴っている場合には、そのことを伝える。話し中の場合に、「話し中」という手話で表現すると、「どうしてそんなことがわかるのか、相手が話していることが聞こえるのか」と言われてしまうことがある。〈話し中〉という二人の人間が話している手話を使ったとしてもやはり、相手はだれなのかという疑問がわいてしまうかもしれない。「相手が電話を使っている。その時にはそれを知らせる特別な音があって、その音が鳴っている」と言わなくてはならない。そのうち、だんだん〈電話使ってる中〉くらいの手話で「話し中」であるというメッセージが伝わるようになる。保留中は「保留を示す音楽がなっている」と表し、そのうち、「まだか」と聞かれれば、〈音楽中〉と答えられる。留守電に関しては、前出のような対応をする。そのような用語に関しては同じ職場の仲間とは共有するようにしている。

待たされている間に、相手がだれかと相談している声が聞こえれば、〈他の人と相談中〉のように聞こえてくる状況音も通訳する。「紙の音がする。何かを調べているようだ」「今キーボードを打つ音がしている」のように聞こえてくる音は知らせる。それは他の手話通訳場面、対面の場面と同じである。

新しいサービスには新しいマナーも必要になる。ろう者は電話を使ったことがないので、マナー面では「自分が言いたいことを言ったら相手の返事を待たずに勝手に切ってしまうのはやめましょう」「突然ガチャンと切らずに終わりの挨拶をしてから切りましょう」とか、「雑談は少しにしましょう」というようなことは説明する。実際、話の途中でいなくなってしまったり、お客さんが来たから、と言って五分くらい待たされたりすることもある。登録する際の日本財団のホームページに使い方のルールを説明する動画は掲載されているものの、電話リレーサービスそのものに関する講習会に加え、電話のマナーを学ぶ講習会も必要ではないかな、と根間さんは考えている。

根間さんが気をつけているのは、「笑顔で電話に出ること」だ。手話を見るろう者には顔が見えるが、受話器をもっているだけの聴者にはどんな顔で話しているかは関係がない。しかし、ホテル勤務時代に電話のオペレーターをしていた時にも目の前に鏡を置いて自分の顔を見ながら話していたという。笑顔とことばが組み合わさった声が出ると思うからだ。ホテルでの経験が、間の取り方、話しだすタイミング等では役にたった。

もちろん通訳に差支えない服装であることも大事。だが、真っ黒だとお葬式みたいで暗い気持ちになると言われたこともある。手話の表し方に関しては、数字などでは九と八が紛らわしいので、真正面に向けるのでなく、あえて少し斜めに出して小指が見やすいようにするなどの工夫をしている。また、双方が同時に話して重なってしまうような場合には、「ろう者も話したいようなので聞いていていただけますか」のように対等に順番が交代できるようなキューは出す。内容面では、事前準備ができるような通訳とは違い、かかってきた電話をとるところから通訳が始まるのが基本だから、多岐にわたる内容に対応できるような努力は欠かせない。根間さんとしては経理の話や弁護士との電話での司法関係の知識が足りていないと感じていた。医療関係でいうと、簡単な予約をとるだけの場合もあれば、術後の説明や、病院で受けた筆談による説明についての質問など、難しくて、かつ間違えられないものもある。

基本的に数字等も含めメモは取らない。後に残るようなことは何も書かないそうだ。朝九時から午後六時まで（他団体では夜九時まで対応しているところもある）かなりの集中力が求められる。

もう一つ難しいのは、地域による手話の違いだ。日本中のどこから電話がかかってくるかわからない。当然手話もちがう。わからなかった場合は、一度指文字で表現してもらって、それで覚える。二度目には、もうその手話はわかるようになっている。

生活の一部としてのサービスを目指して

沖縄の場合は、一か月に八百件の依頼があるとすると、五六〇件が手話通訳、二四〇件が文字通訳くらいの割合だそうだ。関東圏では顔を見られるのが嫌だから、という理由で文字通訳の依頼の方が多いところもあるらしい。文字通訳の場合は要約筆記ではなく、基本的に全部打ち込む。アナウンサーだと一分間に三百字くらい読むのが適度なスピードだとされる。一分間に一二〇文字打てれば、「漢字を含む日本語の文章への変換後への入力文字数としてはワープロ検定一級に合格できるくらいのスピード」だそうだから、文字通訳の負担は大きい。こちらの方が大変で腰が引ける人もいるかもしれない。文字通訳を専門にやっているところでは、四人くらいでチームを組んで連携して入力ミスなどを補いながら進めていくそうだ。ただ、音声自動認識についてはテクノロジーの進歩でかなりの精度で音声を文字に自動変換可能になる時代がそう遠くない将来に来るかもしれない。

それでも、仕事上で特に大変なことや辛いことは精神的にも身体的にもあまり感じたことがないと根間さんは言う。楽しい、やっていてよかったと思うのは、「ここに頼んでよかった」「通訳してもらえて助かった」と言われるときだ。生活の一部としての手話通訳になっていると感じられる。電話リレーサービスの初期段階から関わってきたので、当然思い入れはある。事業目線では利用件数はわかりやすい指標になるかもしれないが、根間さんはこなす件数以上に大切なものがあると思っている。両親や、周囲の人が電話リレーサービスを自在に使っているのを見ると、これはろう者にとって欠かせないものなのだと感じる。聴者の電話使用はメールや文字ベースのSNSで減ってきていると思う。ろう者があえて電話を使う必要があるのだろうかという疑問がわくが、メールだと時差があるので、やはり即時性が必要な時には電話リレーが有効なのだそうだ。電話だとメールの返事を待つ必要がなく、その場で返事がもらえる、問題が解決できるというメリットがある。もちろん、緊急事態への対応が可能になる場合もある。

山や海でろう者が遭難したような場合で、実際に電話リレーサービスで助かった例もある。一日二十四時間、三百六十五日提供できたらいいとは思うが、人材は足りていない。まだまだ電話リレーサービスは通訳の分野として聞きなれないようで、電話リレー通訳をやりたいという人もあまり聞かないが、アメリカでは電話リレーサービスの方が収入が高いので、手話通訳者がどんどん電話リレーに流れているという話も聞く。

映像を送ることが容易にできるようになった今、ろう者同士がスマホに向ってやりとりをする姿もかなり見かけるようになってきた。手話話者同士ならそういう手段もある。実際国際的な就労面接や、大学院の入試面接などはそのような形式で行われることもそう珍しくなってきた。ただ、ろう者と聴者のコミュニケーションの橋渡しには、まだ通訳が必要だ。

根間さんは一つの回線でつながっている関係を大切にしたいと話す。ろう者に嫌われても、相手側の聴者に嫌われても使ってもらえない。だから常に研鑽を積んで使える、使いやすいサービスであり続けたい。新しいテクノロジーが産んだ、新しい手話通訳のサービス。遠い将来どうなるのかはわからないが、今、ここにいるろう者と聴者の間をつないでいることは間違いない。双方にとって、なくてはならないサービスだ。

＊「電話リレーサービス」は二〇二一年七月一日から公共インフラとしての運用を開始した。「電話リレーサービス」は、聴覚や発話に困難がある方と聞こえる方を、通訳オペレーターが手話・文字と音声とを通訳することにより、二十四時間三六五日、電話で双方向につなぐサービス。緊急通報、警察（一一〇番）、海上保安（一一八番）、消防・救急（一一九番）も可能。

災害と通訳

被災地の通訳ボランティアをまとめる

宮澤典子《みやざわのりこ》さん

災害時、耳が聞こえない人がラジオや自治体からの情報を得られない、避難所でコミュニケーションがとれず孤立する、ということがどうしても起きる。東日本大震災では、混乱した現場でどのような支援体制がとられたのか。ぜひノウハウを次に生かしたい。

宮澤さんは耳が聞こえない両親の元に生まれた、聞こえる子どもコーダ（CODA）である。しかし、だからと言って生まれた時からずっと手話をつかう環境にあったわけではない。中学校に入るまでは伯母（母の姉）の家で育った。耳が聞こえない親に、聞こえる子どもを育てるのは難しいという判断が当時はあったからかもしれないと宮澤さんは話す。中高生時代は家の中に手話はあったがあまり関心がなく、手話を理解する力も不十分だった。高校卒業後の浪人時代の一年間は、家にいる時間が長かったわけだが、両親は地元のろうあ協会の役員などをしていたので、家にはろう者のお客が多かった。その中には高齢のろう者もたくさんいて、同じ話を繰り返すことが多い彼らの手話をたくさん見てある程度理解はできるようになった。しかし、その時にはまだ手話を話せていなかったという。大学に入ってから、ろう者の同級生がいたので、少しずつ話せるようになっていったそうだ。

通訳らしいことを始めたのも、やはり両親のろうあ協会の活動の手伝いからだった。親がろうあ協会の役員として活動していたため、ろうあ団体の研修会や講習会で通訳をさせられるようになる。団体のお知らせの文書作成などのために、親の手話を日本語へ翻訳したり、手話で行われている会議の議事録を日本語でとる、というような形の翻訳もしていた。また、団体の仕事を離れたところでも、両親が医者に行く際の通訳などもさせられていた。しかし、さまざまな通訳、翻訳をしていたとはいえ、その当時は手話の語彙、表現力も乏しかった。そのため、自治体が開催していた全二十回の手話奉仕員養成講座に通った。しかし、ベテラン通訳者としての経験からくる知見に溢れる講座ではあったものの、当時は科学的な手話通訳者養成の知識や技術は確立していなかった。講習会では手話の知識以外にも発見があった。「自分の他に聞こえる人で通訳になりたい人がいる」ことに驚いた。他の人たちは、『わたしたちの手話』（全日本ろうあ連盟刊）などの本で勉強していて、手話の単語をたくさん知っていた。宮澤さんは生活の範囲やコミュニケーションに必要な範囲での手話は獲得してはいたものの、「限界はあるのだな、第二言語として手話を勉強しなくてはならないのだ」と知った。「『待ち』の姿勢では未熟なままだ、自分から触手を伸ばす必要があるのだ」と感じた。

こうして体系的な勉強をはじめ、一九八九年から始まった手話通訳者としての公的資格である「手話通訳技能認定試験」の第三回目の試験にも合格した。仕事は、両親の手伝いを中心に、知り合いに対する通訳へと広がっていった。なので、手話通訳としての活動には自然に入っていって、特に望んでやりたいと思ったわけではなかった。しかし、求めに応じて手話通訳の仕事をしていく中で「同じような立場で活動している人たちと連携していきたい、ともに学んでいきたい」という気持ちから、一九八八年に全国手話通訳問題研究会宮城県支部（二〇一〇年四月十七日に宮城県手話通訳問題研究会に名称変更）を立ち上げる。そして、二〇〇六年には請われて埼玉にある国立障害者リハビリテーションセンター学院の手話通訳学科の教官として手話通訳者の養成に関わるようになる。

専門家として被災地に救援に

二〇一一年三月十一日。東日本大震災発災。日本周辺における観測史上最大の地震とそれに伴う津波は甚大な被害をもたらした。災害時には、耳が聞こえない人は必要な情報が得られず、情報弱者となる。手話通訳者が平時以上に必要とされる。三月十二日には聴覚障害者災害対策中央本部が全日本ろうあ連盟に組織される。宮澤さんの故郷である宮城県でも、宮城県ろうあ協会と宮城県手話通訳問題研究会が「東日本大震災聴覚障害者救援宮城本部」を仙台に設置した。宮澤さん自身は勤務先である国リハから約二か月派遣される形で、仙台の救援本部で勤務することになる。これは宮城県障害者災害救援本部が中央本部を通じて厚生労働省に、聴覚障害被災者の支援のために宮澤さんを派遣してほしいと要望したのだ。なお、国リハは国の障害関係の専門機関であるので、聴覚障害以外でも人材を提供したそうである。聴覚障害を含め、外から見ただけではわからない障害を持っている人はいるし、発達障害などを持つ人の中には避難所での集団生活が難しい人もいる。そういう人たちに対する専門家の支援は極めて重要である。

一九九五年の阪神・淡路大震災の際には国からの支援が後手に回りがちだった。その反省から、三月十八日には聴覚障害者災害対策中央本部が厚生労働省に対し、全国から手話通訳者を募ってほしいとの要望を出した。今回の国の対応は早かった。しかし、四月十一日から五月十一日までの間に現地入りできる通訳者を探しましょう、という回答だった。空白の一か月をどうしたらいいのか。現地では手話通訳者自身も被災しているのだ。なんとか三月三〇日から入れる人には入ってもらえるように手配を進めた。その中には阪神・淡路大震災を経験したベテラン通訳者もいた。「それだけ通訳者も高齢化しているということですけれど」と笑うが、ともかく顔を知っているベテランの通訳者で、現場に入って自分で動ける人から順次投入し、引き継いでいってもらった。

一週間単位でローテーションを組むにしても、だれかがそれをコーディネートしなくてはいけない。結果的には送り出し側の自治体が、宿舎も交通手段も支援の一環として提供することにはなったのだが、すべての手配が必要だった。こうした体制を円滑に整えるためには、現場と司令部をつなぐことが重要となる。宮澤さんは地元である宮城の状況をとりまとめ、本部に伝える役割を果たすことになった。

被災者、ボランティアをともに気遣う

実際にはどのような業務だったのだろうか。まずはどこに聴覚障害者がいるのか、何を必要

としているかの把握からである。それをするために手話通訳者を避難所や、把握できている聴覚障害者の自宅に派遣する。ところが避難所に行って「ここに聴覚障害者はいますか」と聞いて、いないと言われて帰ってきても実際にはいたりする。周りの人が聴覚障害者の存在に気がついていないだけなのだ。

災害時の通訳といっても実際の通訳の内容自体は平時とそう変わらない。罹災証明書の申請の手続き、運転免許証や通帳の再発行、葬儀の手配などなど。自治体の窓口に設置通訳者がいて、困った時には自治体の窓口に行けばよいと知っているろう者はまだよい。設置通訳者が対応してくれる。あるいは、自治体に通訳者の派遣を依頼する方法を知っている。どこで何をすべきかがわからないろう者にはまず、通訳以前の情報提供が必要だ。

宮澤さんの仕事は情報の集約と報告。仕事の割り振り。じっとしていられない感、自分は被災していないという罪悪感のようなものを持つ人たちみんなに、それぞれできることに関わってもらえるよう、動けるようにするのが宮澤さんの仕事だ。はじめの二週間から一か月は物がないという訴えに応えるのが主な仕事だった。支援物資の運搬だ。その際に一緒に情報収集して来てもらうというのも重要な仕事である。基本的なカルテのような定型の様式を作って住居、医療、食料等の状況を聞いてきてもらって、必要な支援を決めていく。

しばらくして物が足りてくると避難所で「手話で話す相手がいない」、「周りの視線が気になる、ジロジロ見られている気がする」といった訴えが増えた。そこで行ったのはろう者のボランティアの組織化である。彼らもじっとしていられない感、何か役に立ちたい感にあふれていて、実際ろう者によるボランティア活動は大変効果的だったと手応えを感じた。そしてボランティアによる被災ろう者の訪問回数を増やす、ろう者の集まるサロンのような場の確保へと支援の内容も変化していった。「長期戦になるのがわかっていたので、ともかく被災したろう者たちの心を元気にしたい」と宮澤さんは思った。人と会って思いっきりおしゃべりがしたいという希望に応えようと、NHKの手話ニュースのキャスターたちを招いておしゃべりサロンを開催した。有名人に会って手話で話ができると気持ちが高揚する。

国リハのスタッフとしての派遣期限は三月から四月だった。宮澤さんは後任のスタッフを準備し、ボランティアとしての活動を継続することにした。五月以降は仮設住宅に入れるようになったが、その結果、かろうじてあった避難所でのろう者のコミュニティは分断されることになる。仮設住宅に入ってからは手話教室を開催するなど、新たなコミュニティを作るという動きにもボランティアとして携わった。

そんな中で、「周りの人が疲れていくのを見るのは辛かった」と宮澤さんは言う。長期戦になることがわかっていても、交通手段が復旧していないので、現場近くにいる人たちは逃れられなくなる。外部から応援に来てくれている通訳者たちは一週間で交代する。地元の人はそうはいかない。外部の人と地元の人の仕事上のすみ分けが必要になってくる。

仕事の量だけでなく、内容も負担が大きい。通訳者たちは行方不明の親族を探すろう者がいれば、遺体安置所回りに同行する。医者や看護師のように職業上遺体に接することには慣れていないし、特別なトレーニングも受けていない。そういう通訳者たちが多くの遺体を見ればトラウマになる。「それは想定できたはずなのに、配慮をすることができなかったことが悔やまれる」と宮澤さんは言う。そして、「この地域にはあなたしかいない」と言われてがんばりすぎてしまう人たちを現場から離してあげることも宮澤さんの重要な仕事だった。今抱えている仕事が多かったら、別の人に依頼するという形がとれる。

通訳者を組織するために必要なこと

ストレスがたまるといさかいが始まる。ろう者と通訳者の間で調整をする立場の人が必要になる。これはボランティアでは無理な仕事である。宮澤さんは災害現場において全体が見える立場にいる専門的な支援者として、通訳者・ボランティアスタッフとのコミュニケーションがもっとも大事だったという。そして報告者の意図を確認すること。動いてもらうためには、その意図をきちんとことばで伝える必要がある。報告を見ても、勝手に解釈をせずに、事実は何だったのかということを見逃さない。報告にあがって来ていないところにストレスの要因があるかも知れないからだ。

たとえば、津波でご両親を亡くされたあるろう者の場合、行方不明だった父親が先に見つかり、母親と一緒に葬儀を出したいということで、父親を葬儀社に安置したので、ドライアイス代がかかる。通訳が入って見積もりをとり、それが経費としてかかるのはわかっていても、結局、母親が見つかるまでのドライアイス代が大変かさんでしまった。だれが悪いのでもないけれど、「何か別の方法はなかったのか、せめていくつかの葬儀社の相見積もりを取るくらいのことはできたのではないか」という思いは払しょくできない。それは通訳の正確さの問題ではないけれど、通訳者の心の負担にはなる。

宮澤さんがこの仕事ができてよかったと思うのは、災害後の支援にたくさんの人が関わり、その全部を見られる立場にいたことだと言う。もし最初からボランティアとしてだけ関わっていたら、関われる範囲は限定されていた。関わった人の中には、言われて動くだけではなく、いろいろな提案をしてくれる人たちがいた。「人とつながっているんだなぁ、人材がいるんだなぁ」と実感できた。その渦中にいることができたことを、派遣してくれた国リハに感謝している。聞こえない人がいるかもしれない、他にも発達障害や知的障害など外見からはわかりにくい障害を持っている人がいるかもしれない。いることがわかったら、専門家につなぐのがよい。ただし、何かあったときには、専門家が仕事として入れる体制に必ずしもなっていないのが問題だと言う。そのような自治体同士の連携があってもいい。外国人を含め、コミュニティは多様だという意識が必要だ。平時でも同じ考え方が必要だ。たとえば、地域の防災訓練でも手話通訳なしでは、ろう者は参加しても何が起きているのかわからず、ほとんど意味がない。音声で情報が流れているのなら、それと同時に文字情報を常にセットで出してもらえないか。啓発は支援と同じくらい大切だ。そしてそれがすべて社会システムの変革につながっていくのではないか。

手話通訳者の資質として宮澤さんが大事だと感じているのは、その特定の場面でのニーズが把握できる力、複数の選択肢の中から最適なものを選べる力、冷静さを失くすような場面が多いので、冷静さを保てる力である。全体と部分、事象と事象の関係性を見通す力も必要だ。通訳には常にことばの通じない二者が関わっている。ろう者の思考、文化（思い、感情、論理性）が理解できていなければ、一方の利用者であるろう者が満足する通訳者にはなれない。情報弱者であり、その能力が正当に評価されていない社会的弱者としてのろう者の発信を、相手にきちんと伝えていくのが通訳者の仕事だ。きちんと伝わるということが、通訳・翻訳の目的であり、結果でなくてはならない。

しかし、手話講座や教室で教えられることは限られているので、ろう者との交流が必要だと言われる際の「ろう者との交流」は危険なことばだとも言う。私的交流が不可欠だと言われすぎていると言うのだ。たくさんの経験、自分の経験も他人の経験もすべて財産だ。「手話通訳はことばの仲介だけでなく生き方につながる」と言う宮澤さんが求めるのは、弱者からの発言となる、ろう者が言いたいこと、求めているものを常に考え続けていられる通訳である。そして、そのためには災害現場を含め、「通訳者に一番求められるのは、体力、気力です」。

手話通訳者のキャリアデザイン

手話通訳を学ぶ、実践する、教える

中嶋直子《なかじまなおこ》さん

これまで見てきたように、手話通訳者の働き方はさまざまある。通訳者としての仕事以外にも、コーディネーターとなったり、手話や手話通訳を教える立場もある。働き方もその内容も変える経験をしてきた通訳者の話から、キャリアデザインの一例を見てみよう。

中嶋さんは現在、神奈川県内の聴覚障害者情報提供施設（以下「情提」）で勤務している。主な業務は手話通訳・要約筆記通訳のコーディネートである。同施設には現在八人のコーディネーター担当職員がおり、年間約一万件の手話通訳派遣を行っている。手話通訳のみでなく、年間約二千件の要約筆記派遣も対象業務である。情提に勤務するまでは、フリーランスの手話通訳者として活動し、また研修の講師も務めてきた。多様な仕事をする中嶋さんからは、手話通訳者のキャリアについて学ぶところが多い。

中嶋さんは、国立障害者リハビリテーションセンター学院の手話通訳学科の第七期生である。いとこが一期先輩にいるのをたまたま知り、通訳にあこがれて受験を決めた。手話の知識はまったくなく、手話通訳が福祉の仕事だという意識はなかった。入学は一九九六年で、前年にろう文化宣言が出たこともあり、社会的にも手話に注目が集まっていた。当時は一年制で、十五人の定員に対して百人くらいの受験生がいた（現在は三十人定員の二年制）。国立なので、当時の学費は月額たった六千円だったし、一年間手話を学べば通訳ができるのだと思っていた。そのくらい手話のことは知らずに入学した。他の学生の中にはそれまでに手話サークルなどで学んでいた者もいて、「中嶋が一番ポカーンとしていた。彼女の顔を見て授業を次に進めるかどうか判断していた」と後になって当時の教官だった木村晴美さんに言われたそうだ。しかし、中嶋さんは「わからないことが多かったけれど、いやではなかった、国リハは楽しかった」と言う。

今では国リハにろうの教員が非常勤も含めてたくさんいるが、当時は、ろう者といえば木村さんだけだった。つまり、一人のネイティブに対し、十五人の学生がいたことになるわけで、ろう者と交流する時間もおのずと限られる。そこで、人と話すのが好きで、お酒を飲むのも好きだった中嶋さんは教室外でのろう者との交流を楽しむようになった。五人から十人くらいの二十代のろう者の中に聴者は自分一人という環境でも、お客様扱いは一切なかったのが勉強になったという。話についていけなくて、聴者がよくやるつくり笑いをしていると、「わかったのか？　わかったならどんな話か説明してみて」と言われたりした。また、ろう者の自然なふるまいもその中で身に付けた。たとえば、ろう者はトイレに行く時は「トイレに行く」と言ってから行く。中嶋さんもそうしようと思ったが、三、四人の時は簡単に言えても、十人以上になるとみんなが話に盛り上がっていて、どのように話の腰を折らずに「トイレに行く」と伝えていいのかわからない。不自然なことをたくさんしながら発言の順番の取り方などを学んでいった。今で言えば「ろう文化」を学んだということかもしれないが、ろう者の中にいるのは外国人に囲まれているような感覚だった。年配の人の手話もおもしろかった。手話が使いたいというよりも、いろいろ話をしたいと思った。

一年間の課程を終えた後、研修生として残ることができた。楽しい研修生時代を過ごすことができたが、同期の中で実力不足の自分にはなかなか通訳の現場を踏む順番が回ってこなかった。経験を積む機会に恵まれないことが一番辛かった。だからこそ、もらえたその一回をいかに無駄にしないかを考えた。とはいえ、そのころは手話通訳者の層が薄かったこともあって、日本手話学会での通訳という、手話の専門的な会議での大任も回ってきた。

肩書きではなく、自分の能力を評価してもらうために

手話を学んで二年目の一九九八年に手話通訳士試験に合格した。しかし、最大の挫折が三年目に訪れる。ろう者の仲間で、一番鍛えてくれた泉宜秀さんが一九九九年九月に二十五歳の若さで交通事故で亡くなった。その葬儀の通訳を親しかった中嶋さんも務めることになった。ご家族は全員ろう者だし、参列者にもろう者が多く、すべて読み取り通訳だった。葬儀の通訳などその時が初めてで、当然、読み取れずにつまることが多かった。一緒に通訳していた先輩通訳者からはとうとう見かねて、「えーとか、あーとか言わないの」と言われた。恩人の死に際してうまく通訳ができなかった。参列者の方々にも申し訳なかった。あの時の悔しさは忘れられない。その後も通訳をしていて辛いことがあると彼のことを思い出す。泉さんだったら、こういう時、何て言うだろう、といつも考える。泉さんのお葬式で大きなダメだしをくらったように思うが、自分のお葬式でそうするなんて泉さんらしいな、とも思う。

国リハでの研修生を終えた後は、現在の勤務先である情提の嘱託職員になった。当時は、ろう文化宣言後まもなくで手話にも注目が集まってはいたが、この宣言が日本語対応手話を批判しているとして、宣言そのものや木村晴美さんが指導する国リハに対する風当たりは強かった。国リハの卒業生である自分に対しても強かったように思うが、中嶋さんはよくも悪くも気にしなかった。きちんと基礎を学んだし、ネイティブのろう者たちに鍛えられたという自信もあった。国リハ卒という看板ではなく、中嶋という人間を見てもらえるようにしなくては、と思った。

そのころに実感したのは、コミュニケーションができるということと、通訳ができるというのはまったく別のことだということだ。中嶋さんはもともと自分に厳しく、何かにはまると一生懸命にやる。言い訳は一切しない。だからこそ、読み取り通訳では、しゃべるのが怖い、ことばが出てこなかったらどうしよう、と胃が痛くなる。舞台に立っての手話の表出通訳では足が震えた。最初はそんなことの連続だった。それでもなんとかやって来られたのは、ろう・聴を問わずアドバイスをくれる人がいたからだという。

通訳者として、自分を認められるようになったのは、ここ数年、キャリア二十年を数えるようになってからのことだそうだ。通訳という仕事をする時に自分自身に対する厳しさは外せない。ともかく徹底的に準備をする。資料の読み込みから始まり、知らない単語のチェックや意味を調べるのは当たり前のことだが、自分の中で十分内容が咀嚼できるまでやる。自分の中に落とし込んでから、自分のことばで話す。通訳は、正確な理解とアウトプットができて、はじめて評価される。そのためには、通訳する内容に関する知識も必要だが、現場経験がやはり大事である。そして、手話の力も、日本語の力もともに磨かなくてはならない。瞬時に話者の意図を理解しなければならないアウトプットの力というのは、相手に中身を伝える力、人にわかりやすく説明する力である。

通訳の専門技術を鍛える、伝える

国リハを卒業してすぐに入った情提は四年後に辞めた。きっかけは民間の携帯電話会社が手話教室を運営することになり、その事務（企画、募集等）を手伝うことになったからである。そして職場の上司の勧めで手話の読み取り翻訳の指導に関わることになる。その後は六、七年フリーの通訳活動を続けていたが、携帯電話会社の手話教室に通っていた地域の手話通訳者たちから、手話の読み取りが苦手なので、読み取り中心の手話翻訳の教室を開いてほしいと言われた。地域に縛られない勉強会ということで、東京近県のみならず、茨城や群馬など遠いところからも参加があり、多い時は百人近くが集まった。これだけ需要があるのは、地域の手話講習会ではカバーできていない技術があるからだろう。手話で会話ができるということと、通訳ができるということは、まったく別のことであるにもかかわらず、通訳に必要な技術を学ぶ時間は十分にはない。そして、自分もそうだったが、手話を覚えれば、すぐに手話通訳ができるような気になってしまう。しかし、たとえば英語がすごくできる人に、英語の通訳ができるとは限らない。通訳をするには、十分な語学力に加えて、通訳をするための専門の技術を学ばなくてはならないのだ。アメリカでは基本的に、手話通訳をするためには大学で手話通訳を専門で学び、学士号を取るが、日本の大学では、英語ですらその通訳専門の学科がほとんどない。手話通訳に関しては国リハを除いては、専門の養成機関はほとんどない。

状況はともあれ、中嶋さんは参加者にポジティブに働きかける。地域の講習会では時間も限られており、ろう者の手話の読み取りが十分習得しきれない。だから、地域の手話通訳者で経験が長い人でも、実際には読み取りで困っていることはあるはずだ。研修などでは、そういう悩み事を自由に言える雰囲気を作るとともに、相手のレベルにあわせた説明を心がけている。読み取り通訳のアウトプットは、自分の声を聞いて検証しなくてはならない。中嶋さんは自分が通訳している声を録音させてもらって勉強したそうだ。そういう話を手話通訳養成教室の生徒たちにして、「えっ、録ってもいいんですか」と言われたことがある。その生徒たちには逆に「録ってもいいですかって、尋ねなかったの？」と質問した。もっともっと自分から貪欲に、積極的にやっていかないとダメだと言うことにしている。また、試験対策などでは、どうしたら緊張をほぐせるかと聞かれることがあるが、本番の通訳で緊張しなくなることはない。緊張した中でいかにパフォームするかが大事なのだ。慣れはある。しかし、ふだんの練習を、逆にいかに緊張感を持ってやるかが大切なのだ。実際の現場を予想し、実技練習を繰り返し、直していく。

通訳者の手話に対して「わからなかった」「わかりにくい」という感想が、利用者のろう者の中から出てくるようになってきたこともいいことだ、と中嶋さんは考える。手話通訳がいるだけでありがたい、わからなくてもそうとは言えない、という状況が変わってきているということだ。通訳利用者の意識も変わりつつあり、地域によっては希望の通訳者を指名することもできるし、日本手話の通訳をお願いしたい、という希望を伝えることもできるようになってきている。ろう者自身が通訳にいろいろ要望を出すことで、手話通訳者を育てることにもなる。

一方で、コミュニティ通訳の難しさは、聴覚障害者と一口にいってもろう者、難聴者、中途失聴者などさまざまで、また言語以外の問題も現場にはたくさんあることである。特に一人派遣で行く場合は、二人派遣と違って、手話通訳をチェックする人がいないので、さらに注意が必要である。利用者本人は（聞こえないから）正確に伝わっているかどうか、判断できない。

通訳はボランティアではなく、プロ

通訳の仕事で大事なのは、まず、逐語訳ではなく、こなれた訳語を引き出すこと。どんな言語の通訳でも基本は同じだが、Aの言語の発言をBの言語に通訳する場合、Bの言語で自然な発話をすることである。Aの言語では自然でも、それをそのままBの言語で直訳したら、とても不自然という表現はよくある。

それから、「言ったこと」ではなく、その人が「言いたいこと」を伝えること、つまり、意図を伝えるということ。たとえば、聴者は、窓を開けてくれとか、クーラーをつけてくれ、という意味で、「この部屋、暑いですね」と遠回しに言う人が多いけれども、はっきり、そうしてくれ、と翻訳しないと、ろう者には発話の意図が伝わらないこともある。

中嶋さんが大好きなロシア語通訳者の米原万里さんは著書『不実な美女か貞淑な醜女（ブス）か』で、大事な話し合いの時ほど、ぎこちなくとも原発言に忠実な翻訳（貞淑な醜女）を目指すべきで、美しいが不正確な翻訳（不実な美女）ではだめだ、と言っている。しかし忠実であろうとしても時にはミスも起きる。経験が長くなると、時々あいまいな理解のまま通訳してしまうことがある。そういう時に、すぐに確認し、必要であれば即座に訂正することが、いつになっても大事だと思う。それがどちらのユーザーに対しても真摯《しんし》に、誠実に対応することだと思う、と中嶋さんは言う。落ち込むことはあるけれど、「楽しくやる」ことが大切。大いに反省し、後は切り替えて次に向かうのみだ。

通訳をしていて大変だと思ったことはないそうだ。もちろん、自分には縁遠い分野の場合、事前準備がはかどらずに苦労することもある。しかし、そういう時ほど、現場がおもしろかったりする。実際通訳者は好奇心の強い人が多いように思う。自分の通訳によって、必要な情報がきちんと伝えられる。その感覚がある限り、やめられない。耳が聞こえて、手が動いて、頭が働くうちは、ずっとやっていたい。現場に出て、もっといろいろな人に会いたい。

フリーランスの通訳という仕事は、決して安定した仕事ではない。その中でも手話通訳で食べていくことは難しい。中嶋さんもフリーランスの時期を経て、四十歳を前に改めて、安定した職につきたいと思い始めていた。その時にたまたま元の職場である情提で職員の募集があり、それを機に再就職した。職場では主にコーディネート業務を担当するが、通訳として現場に行くこともある。手話通訳は、手話奉仕員の養成がその根本にあるように、ボランティアの延長であるかのような意識がまだ根強い。しかし、通訳いかんで、話し合いが不調に終わることもあるし、ろう者が不利になることもある。そこは中身をしっかり伝えられるプロでないと、といつも思う。通訳がうまくいくようにするためには、利用者であるろう者・聴者と、通訳者の両方の力が必要だ。中嶋さんは、自分に手話の適性があるか、通訳の適性があるかと言われれば、よくわからないと答える。しかし、手話やろう者のやり方を学んでいくうちに、自分にもろう者的な部分があって、それらを自然に受け入れることができたと思う。手話を学び始めてから毎日が楽しく、ろう者からたくさんのことを教えてもらい、また迷惑をかけたり、時には怒られたりしながらやってきた。中嶋さんにとってのろう者とは決して助けが必要な人たちではなく、手話通訳によってつなぐことで、聴者と対等な関係を築くことができる魅力あふれる人たちである。ろう文化宣言に関わった第一世代のろう者たちに比べて、今の第二世代のろう者たちは少しおとなしいように見えるが、これからまたその次のろう者たちが第三世代として世に出てくる時に、中嶋さんにはまだ現役の通訳でがんばっていてほしい。手話通訳を利用してもらって輝くろう者たちのすがたを、今は亡き泉宜秀さんも期待しているに違いない。

国際会議通訳

英語—日本手話通訳のパイオニア

高木真知子《たかぎまちこ》さん

国際連合の会議や国際的な学会では、英語が使用されることが多い。参加するろう者に、英語から日本語に通訳されたものを、次に日本語から日本手話に通訳する方法もあるが、どうしても時差が生じる。英語から直接日本手話に通訳できる人が求められている。

英語と日本手話間の直接の通訳を始めたのは高木真知子さんである。高木さんがこの仕事を始めるまで、英語を聞いて直接日本手話に通訳する手話通訳者はいなかった。それまでの通訳はリレー通訳といって、日英通訳がまず英語を日本語にかえたものから日本手話に通訳していた。つまり、英語—日本語—日本手話という日本語を間に挟んだリレーになっていたのだ。英語から直接日本手話に通訳する、あるいは日本手話で語られたことを直接英語で発信するということはそれまで不可能だと思われていた。日本語を介在させずに日本手話と英語の間で直接通訳ができるほど英語と日本手話の両方に通じた人がいるなどとはだれも思ってもみなかった。

高木さんは小学校時代をニューヨークで過ごしている。いわゆる帰国子女だ。日本に帰ってからも、インターナショナルスクールで学び、その後日本の大学を卒業した。結婚し、二人の子育てをしている間は主として在宅で日英翻訳の仕事をし、時に日英通訳の仕事もこなしてきた。日本語と英語のバイリンガルという素地があることに加え、実際に通訳をすることで通訳としてのノウハウも身につけていたのだ。

そんな彼女が手話を学ぼうと思い立ったのはどうしてか。「本当に四十の手習いなんですよ」というように、実際に手話を学び始めたのは早くはない。しかし、彼女には忘れられない思い出があった。アメリカでの少女時代に入っていたガールスカウトの創始者ジュリエット・ゴードン・ロウは耳が聞こえなかった。そして、たぶん彼女が手話を使っていたと聞いたのを覚えていて、いつかは手話を学んでみたいと思っていたのだ。子どもの手が離れた彼女は住んでいた市の手話講習会に週一回通い始める。初級・中級・上級と順調に進んで市の手話通訳者として登録した。もちろん、この時点では日本語と手話の通訳をしていた。

そして、その時期に彼女はアメリカ手話（ＡＳＬ）も学んでいる。アメリカ手話はもちろん日本手話とは異なる。日本ＡＳＬ協会でアメリカ手話を学び始めた彼女のクラスでは、仲間のほとんどが母語として日本手話を使っている人たちだった。「どういうろう者とふれあうかがその後の手話の習得に大きな影響を持ちます。とても質の高い日本手話環境にいられたことはラッキーでした。ＡＳＬはうまくなりませんでしたが、日本手話はうまくなりました」と笑う。

地域で活動を始めて三年くらいたったころに聴覚障害者の全国規模の当事者団体である全日本ろうあ連盟に英語・日本語の翻訳アルバイトとして雇われる。手話もできるのだから、英語から日本手話への通訳もできるのでは、と言われ、二〇〇〇年四月に採用され、五月にはいきなり、バンコクに本部がある国連ＥＳＣＡＰ（国連アジア太平洋経済社会委員会）での障害関係の国際会議に通訳として派遣されていた。「それまで日英通訳二人、手話通訳二人の計四人体制の派遣だったのが、私は一人で英語・日本手話ができるので三人派遣に減らせたらその分安く済むという考え方だったのです。はじめから高度な通訳者により高い通訳料を払おうという意図はなく、経費節減になると思われたわけです」。

会議以外でも求められる通訳

高木さんの仕事の内容は大きく分けて二種類ある。一つは前述のような、対象者に同行して海外の会議に参加するタイプ。もう一つは最近増えている需要として、国内の会議や学会だが使用言語は英語のみというタイプである。

海外同行型の場合、基本的には飛行場で対象者と待ち合わせるところから仕事は始まる。会議の場以外でも、ろう者には通訳が必要となるからだ。機中でも隣り合わせの席に座ってしまうと、ニューヨークまでの十三時間、横を向いて手話で話し続けることになってしまって首がまわらなくなったりする。本当は会議に備えて眠ったり、資料を読み込んだりしたいのに。ホテルに着いても、翌日の会議のための準備がある。会議資料に最終的な変更が加えられていたり、新しい資料が追加されていたりすることがある。その場合には、夜の間に資料の日本語訳を作ったりもする。朝ご飯から通訳が始まることが多い。対象者と通訳者の二人だけなら手話で話していればすむが、他の参加者から話しかけられたり、もともとろう者・聴者が混じった派遣団であれば、団の中での会話は食事中・移動中もすべて通訳しなくてはならない。

いずれにしても、会議の合間の食事時間や休憩時間も通訳しなければならないことが多く、どうやって自分の食事をとるか、また、トイレも「行きたくなくても、対象者がトイレに行ったときは自分も必ず行く、そうでないと自分が行きたくなった時に行ける保障はありません」という状況になってしまう。

国連の会議での手話通訳は対象者の前に座って対面で行う。会議場の後方の高いところにガラス張りのブースに入っている音声通訳とはまったく環境が違う。七十年ちかく前にできたニューヨークの国連ビルはバリアフリーでないことで有名だ。エレベーターを探すのも大変だが、会議場のイスも動かすことができない。対面で座ろうとしたら横座りにするしかない。そんな状況で朝九時から六時くらいまで通訳する。ろうの会議参加者は議場の後ろのほうの席に座ることが多い。だれが発言しているのかなど、目で見て判断しやすいようにするためだ。そのため手話通訳は、議長席を背に通訳し、どこでだれが発言しているのかは声の方向から位置を特定して対象者に指さしで示す。それを見て対象者は、マイクの下の小さな赤いランプで発言者を確認する。会議が続いていても五時になれば、公用語通訳者たちのブースの電気が消え、通訳者たちはいなくなってしまう。対象者を目の前に立ち去る手話通訳者はいない。

専門用語を伝える工夫

議場に入れば、国連は略語が多いことで有名な場だ。審議されていたのは後にＣＲＰＤ(Convention on the Rights of Persons with Disabilities) として結実した条約だし、ＳＨＯ ｏｆ

ＰＷＤ（Self-help Organization of Persons with Disabilities）のような略語が山のように出てくる。それらはやはり「国連障害者権利条約」や「障害者の自助団体」のような日本語が頭に浮かばなければ、略語だけ並べても日本人のろう者には伝わらない。ある意味、専門用語に関しては、日本語を介在させてトライリンガルの通訳になっている。

「手話通訳がいるからゆっくり話してくれとか、調整してくれと言ったことはない」、というのが高木さんの誇りである。しかし、一度だけアジアの会議でニューヨーク風の早口でしかも一文がやたらと長い話者がいた時には、もう少し短くわかりやすく話してほしいと訴えて、他の聞こえる参加者からありがたがられたという経験もある。

日本手話が存在しない専門用語もある。その場合には、一回だけなら綴りをそのまま文字で表す指文字を使うこともあるし、逆に何回も繰り返し出てくる用語やその会議にとって大事な用語はその場でろう者に手話を作ってもらうこともある。ろう者自身が発信する際に備えて、専門用語を英語で知っておいてほしい場合には、英語を紙に書いて示すという方法もある。実際、ろう者が発言したい場合には、そのタイミングをつかむことも通訳者の任務になる。条約の起草過程で入ったさまざまの修正は逐条ごとに最終的に整理され、確認されるが、ものすごいスピードで読みあげられるので、ろう者に関係するところだけに集中して聞いて必要なら反論しなくてはならないので、事前に「ろうに関するところになったら教えて」と言われたこともある。

もう一つのタイプは国内での国際会議における通訳だ。会議言語が英語で日英通訳が付かない場合、どうしても英語から直接日本手話に通訳する必要がでてくる。また、このような会議の場合、出席するろう者に対するインプット以上に、ろう者からのアウトプットを英語に通訳することが大事になってくる。ろう者ももはや単なる情報の受け手から、送り手としての役割を果たすようになってきているのだ。その発信がうまくいけば、ろう者の会議に対する貢献度はグッと上がる。

国内の会議ではないが、国連障害者の権利条約制定に至る過程で、当時世界ろう連盟の理事でもあった全日本ろうあ連盟副理事（当時）の高田英一氏は十分にろう者の立場を表明し、条約の成立に大きな貢献をしたことは国内以上にむしろ海外でよく知られている。出張に出る前は発言をすることはまずないと聞いていたのに、実際はとても発言が多く、なぜかと聞いたらすぐに英語にしてくれる通訳がいたから安心して間髪をいれず発言できた、とのことだった。

手話通訳の真髄とは

高木さんに、この仕事で一番大事にしていることを聞いてみた。「自己呈示と話者に共感できることの二つ」という答えが返ってきた。自己呈示は自分をどう見せたいかということだという。通訳者というのはコミュニケーションをつなぐ仕事であり、特にそこに存在がはっきり見て取れる手話通訳者は黒子ではいられない。会議後の懇親会での通訳はビジネス場面の通訳と同じではうまくいかない。手話も、場を盛り上げるようなにぎやかな雰囲気があう。

また、「話者に共感できず、話者から心が離れてしまうと通訳が苦しいのです」と言う。これは会議以外での通訳も同じで、わかりやすい例として高木さんが挙げたのが、病院での通訳だ。医者であれば医者の気持ち、患者のろう者であればろう者の気持ちのいずれにも共感できることが必要なのだそうだ。耳が聞こえないという障害を持つ人が情報保障のために手話通訳を使うという意味で、福祉サービスの利用者はろう者だ。しかし、通訳の利用者はろう者だけではない。一方だけが通訳の利益を受けるのではない。共通の言語を持たない二者の間をつなぐのが通訳者の仕事で、通訳の利用者は両方なのだ。

そして、ともかく通訳は体力勝負で健康維持が一番大切だという。今までに病欠が一度もないのが彼女の自慢だ。そのためには海外出張の三日前から生ものは食べないなど、自分の健康管理に厳しい。

この仕事をしていて楽しいのはともかく視野が広がること。およそ想像もしなかったようなことがよく起きる。ベトナムの飛行場に着いて、ろう者が車で迎えに来ているかと思ったら、バイクが十台くらい迎えに来ていて、片手でハンドルを握り、片手で手話をしながら車と車の間をすり抜けていったり、ネパールの国内線では世界の最高峰に登ろうとしている人たちだけが相客だったり、スペインでの世界ろう者大会ではどうしても通訳が立つ台を用意してもらえず、泊まっていたホテルからイスを電車で運んだり等々、済んでしまえば笑い話のようなエピソードは尽きない。「本当に経験は宝です。この仕事から抜けられなくなります」。

どんな人がこの仕事につけるのだろうか。まずは英語力だ。しかし、英語ができる人は日英通訳をすれば、もっと高い収入が得られるので、なかなか英語・日本手話の通訳には参入してきてくれない。英語力の訓練としてよいのは翻訳で、日英の翻訳八対通訳二くらいの組み合わせがよいと言う。また、「手話通訳のすべては、その神髄は地元の地域にあり」と高木さんが断言するのは、地域での通訳ができれば、どこに行っても通訳ができるという自信につながるからだそうだ。地元の小中学校のＰＴＡの懇談会でろうの母親に発言の機会をつかませることができれば、国連の大きな議場で障害団体の役員が発言権をとることもできるのだ。だからこそ、今の仕事の比率は他に引き受け手がないために国際的な通訳の仕事が九割くらいだけれど、市の登録通訳者としての活動も続けている。

「手話通訳者はやはりろう者に対するコミットメントが強い」とも言う。「ろう者と通訳者は二人三脚だ」と言ってくれたのは一緒に海外を回り、国際的に広く認められる活動をしたろう者だ。

高木さんのように国際的な場で活躍するろう者を支える英語—日本手話の通訳ができる手話通訳者は現在でも日本全国で五人程度しかいない。もう彼女が英語—日本手話通訳を始めてから二十年近くたつにもかかわらず、である。最近では、専門職として外資系企業で働くろう者も増えている。このような場でも英語—日本手話の需要が増えている。このエキサイティングな仕事を担ってくれる人、担える通訳者の数はまだまだ少ない。なんとか後継者を増やしたいというのが彼女の願いだ。

Column

世界の手話通訳事情

言語として手指言語を使う人たち（ろう者）の大多数は、音声言語を使っている圧倒的多数の人たち（聴者）に囲まれて生きている。もちろん村落手話環境のような例外はあるが、それらを除くと、手話話者も政府機関との交渉、医療機関、教育機関等で聴者とのやりとりが必要である。その時にはろう―聴間での通訳、手話通訳が必要になるが、その状況は、世界中でさまざまである。先進国と呼ばれる欧米の手話通訳事情とアジア、アフリカ等の途上国での手話通訳事情には共通する部分もあるが、インフラとしての通訳制度や技能訓練の状況にかなりの差がある。

たとえば米国では、ろう者が使う音声を使わないタイプ式の電話、ＴＴＹが一九六〇年代の終わりから開発され、七〇年代には早くもＴＴＹと音声電話の間での会話を仲立ちするサービスが始まった。一九九〇年の米国障害者法によって、一気にこのサービスが社会インフラとなり、さらにビデオ画面で手話通訳者が仲立ちをするサービスとなり、手話通訳者の新しい職場として普及するに至った。日本では手話通訳というと福祉行政サービスとして補助金を受けて運営されているものというイメージが強い。一方、米国の場合、フリーランスや小学校から大学までの教育機関で雇用されている通訳者を除くと、最大の労働市場を提供しているのが電話ビデオ・リレー・サービス（ＶＲＳ）であると言われている。

日本では手話通訳の大多数はろうコミュニティでのボランティア的手話通訳によって占められているとも言われているが、欧米ではフリーランスの優れた技能を持つ手話通訳者の活躍も知られている。自らの技能を背景に高い賃金も獲得している。日本で手話通訳者の成功事例として知られるのもたいていはこうした人たちの活躍である。ただ、それが大多数というわけではなく、労働市場で自由競争できている一握りの人たちなのである。

一方、世界を見渡すと手話通訳者がどの国でも需要を満たすだけ存在しているとは言えず、供給が不十分という問題は世界で共通している。この問題は、先に述べたような市場ベースでの対応も、政府による支援策も難しい途上国では特に大きい。一部の途上国では、国際NGOが先進国に準じる形で手話通訳者の支払いをすることが日常化している。このために、そこで雇われたごく少数の手話通訳者にだけ高い賃金が支払われる一方、それ以外の需要に対してはそもそも手話通訳への支払いが可能なリソースがまったくと言っていいほど存在しないために、当該国のろうコミュニティのために活動する手話通訳者がまったくと言っていいほど育っていないという国も多い。

世界の手話通訳事情はまさに千差万別であり、手指言語の各国での違いもあって、それぞれの国がそれぞれの事情を抱えていると言える。

（森壮也）

＊森壮也（もり・そうや）：ジェトロ・アジア経済研究所　新領域研究センター・主任調査研究員。日本手話学会会長、障害学会理事を歴任。専門分野は開発経済学、障害と開発、手話言語学。編著書に『途上国の障害女性・障害児の貧困削減—数的データによる確認と実証分析—』（アジア経済研究所、2018年）など。

これから手話を学びたい人のために

◉NHK Eテレ「みんなの手話」：練習コーナーもあり、ろう関係の取材などろう文化を知るためのさまざまな工夫があります。若い人から高齢者の手話まで、いろいろな手話を見ることができます。

◉Webサービス「サインアイオー」：指導するのは『NPO法人手話教師センター』に属する教師たちです。ナチュラルアプローチ教授法による、自然な手話授業が受けられます。

◉文法の参考書としては、以下がおすすめです（やさしい順）。
・日本手話のしくみ練習帳 DVD付（バイリンガル・バイカルチュラルろう教育センター 編、岡 典栄・赤堀 仁美 著、大修館書店、二〇一六）
・改訂新版 はじめての手話（木村 晴美・市田 泰弘 著、生活書院、二〇一四）
・〈文法が基礎からわかる〉日本手話のしくみ（バイリンガル・バイカルチュラルろう教育センター 編、岡 典栄・赤堀 仁美 著、大修館書店、二〇一一）
・日本手話と日本語対応手話（手指日本語）—間にある「深い谷」（木村晴美 著、生活書院、二〇一一）
・日本手話で学ぶ 手話言語学の基礎（松岡和美 著、くろしお出版、二〇一五）
◉その他、手話やろう文化を題材にした書籍
・手話を生きる 少数言語が多数派日本語と出会うところで（斉藤道雄 著、みすず書房、二〇一六）
・手話を言語と言うのなら（森壮也・佐々木倫子 編著、ひつじ書房、二〇一六）
・デフ・ヴォイス 法廷の手話通訳士（丸山正樹 著、文春文庫、二〇一五）：コーダの手話通訳士が活躍する小説。続編に『龍の耳を君に（デフ・ヴォイス新章）』、『慟哭は聴こえない（デフ・ヴォイス）』（ともに東京創元社）があります。

おわりに

音声言語の通訳が、第二次世界大戦後の東京裁判、国連などの国際的な裁判や会議の同時通訳から脚光を浴びるようになったのに対し、手話通訳は教育・医療などの公共サービスへのアクセスを可能にするためのコミュニティ通訳と呼ばれる分野を基本に行われてきました。したがって、コミュニティ通訳の面では手話通訳の方が一日の長があるといえるかもしれません。コミュニティ通訳の国際学会でも、手話通訳に関する発表が多く行われています。

手話通訳をめぐる制度も変わってきています。「はじめに」で述べた他にも、二〇一九年七月の参議院選挙の政見放送において、今まで認められていなかった選挙区選挙においても、手話通訳を付けることが可能になるなど、手話通訳の必要性は高まっています。しかし、専門職としての基準、報酬、訓練の確立という面では、まだまだ十分整備されているとは言えない状況にあります。

この本の魅力は間違いなく、手話通訳の各分野で活躍中の方々のインタビューです。快く受けてくださった方々に感謝します。圧倒的に女性が多い業界の中で、男性通訳者の方々を多くご紹介できたことをうれしく思います。また、手話通訳というと聴者だけの職業だと思っている方も多いと思いますが、ろう者の通訳者のインタビューを掲載できたことも自慢です。また、コーダの通訳者もいます。通訳者としての養成過程も専門学校であったり、地域の養成課程であったりとさまざまな背景の方々にご協力いただきました。特に、最初のインタビューを受けていただいた高木真知子さんには、最後の段階でも導入の章を読んでいただき、さまざまなご示唆をいただきました。すぐれた日英通訳でもある高木さんには英語―日本手話の通訳においても、また、国際会議の通訳コーディネーションの面でもお世話になっており、その先駆者としての役割と熱意にはいつも敬意をおぼえています。

今まで手話通訳に関わりのなかった方々、手話通訳を目指している方々、また、現役で活躍している手話通訳者の方々にも、お役に立つ点があったことを願っています。

白水社の編集者である西川恭兵さんは、インタビューに同席し、写真や動画の撮影、編集を一手に引き受けてくださるなど、常に多大なサポートをしてくださいました。

ここにお名前を挙げた以外にも、多くの方々のご尽力を得ました。お世話になったすべての方々に、心から感謝します。

手話通訳は平均年齢の高い職業の一つです。若い方々にどんどん入って来ていただきたいと思います。この本を読んでくださった方々の中から、将来の手話通訳者たちが現れることを願っています。

二〇一九年八月

木村晴美・岡 典栄

著者略歴
木村晴美（きむら・はるみ）
一橋大学大学院言語社会研究科修士課程修了、同博士課程単位取得退学。現在、国立障害者リハビリテーションセンター学院手話通訳学科教官、NHK手話ニュース845キャスター。主な著書に『[改訂新版] はじめての手話──初歩からやさしく学べる手話の本』、『日本手話と日本語対応手話（手指日本語）──間にある「深い谷」』、『ろう者の世界──続・日本手話とろう文化』、『日本手話とろう文化──ろう者はストレンジャー』（以上、生活書院）など。

岡典栄（おか・のりえ）
東京大学文学部言語学科、国立障害者リハビリテーションセンター学院手話通訳学科卒業、英国ケンブリッジ大学言語学修士（M.Phil.）、一橋大学大学院言語社会研究科博士（Ph.D.）。現在、明晴学園国際部長、手話通訳士。著書に『日本手話のしくみ──文法が基礎からわかる』、『日本手話のしくみ練習帳』（以上共著、大修館書店）。

手話通訳者になろう

二〇一九年 九 月 五 日 第一刷発行
二〇二三年 六 月 五 日 第七刷発行

著 者 © 木 村 晴 美
　　　　 岡 典 栄
発行者 岩 堀 雅 己
印刷所 株式会社 三 秀 舎
発行所 株式会社 白 水 社

東京都千代田区神田小川町三の二四
電話 営業部〇三（三二九一）七八一一
　　 編集部〇三（三二九一）七八二一
振替 〇〇一九〇・五・三三二二八
郵便番号 一〇一・〇〇五二
www.hakusuisha.co.jp
乱丁・落丁本は、送料小社負担にてお取り替えいたします。

加瀬製本

ISBN978-4-560-09716-8
Printed in Japan